路上

LU SHANG

主　编　王　波
副主编　李豫威　赵　冰
编　者（以姓氏笔画为序）
石婉琦　曲永辉　刘文佐　李大敏
张丽娜　陈文良　林奎兴　耿文美
徐学琪　魏利娜

中国石油大学出版社
CHINA UNIVERSITY OF PETROLEUM PRESS

图书在版编目(CIP)数据

路上 / 王波主编. —东营:中国石油大学出版社,
2018.11

ISBN 978-7-5636-6300-2

Ⅰ. ①路… Ⅱ. ①王… Ⅲ. ①课程改革－教学研究－
中学－文集 Ⅳ. ①G632.3-53

中国版本图书馆 CIP 数据核字(2018)第 244564 号

书　　名: 路　上
LUSHANG
主　　编: 王　波

责任编辑: 高建华(电话　0532—86981536)
封面设计: 贺　淼

出 版 者: 中国石油大学出版社
(地址:山东省青岛市黄岛区长江西路 66 号　邮编:266580)
网　　址: http://www.uppbook.com.cn
电子邮箱: gaojianhua6@163.com
排 版 者: 青岛天舒常青文化传媒有限公司
印 刷 者: 沂南县汶凤印刷有限公司
发 行 者: 中国石油大学出版社(电话　0532—86983437,86981536)
开　　本: 170 mm×240 mm
印　　张: 10.25
字　　数: 214 千
版 印 次: 2019 年 3 月第 1 版　2019 年 3 月第 1 次印刷
书　　号: ISBN 978-7-5636-6300-2
定　　价: 36.00 元

前言
Preface

笔者在烟台市芝罘区教体局从事教育行政管理工作多年，一直对中小学教育教学工作非常关注。一个偶然的机会让笔者到烟台第十四中学当了校长，2013年又到了山东省烟台第四中学（以下简称烟台四中）担任校长。前后八年多的校长生涯，让笔者体会到当一名中学校长，尤其是当一名薄弱中学的校长实属不易和艰辛。但是，笔者并不后悔！因为这八年多的校长经历，不仅让笔者学到了许多东西，更使笔者全面了解了基础教育的现状和问题。应当说，我们现在的教育改革取得了很大的成绩，但是由于许多历史和现实原因，还有许多没有得到真正解决的深层次问题：如何解决学生“全面发展”与“个性发展”的矛盾？如何在满足“学生发展”的同时也能和谐地满足“教师发展”？如何做到在“面向全体”的同时又尊重“个体发展”的需要？如何实现“提高升学率”与“发展素质教育”相统一？……面对这诸多问题，笔者一直在思考。可以说，笔者担任校长的八年是笔者对学校教育反思的八年，也是不断探索改革的八年。笔者力图在主持工作的地方进行一些大胆的尝试，并在实践中有了一些体验，其中有成功时的喜悦，有失败后的反思，有经验，有教训，这些都是宝贵的财富。我们将这些感悟付诸笔端，虽称不上嘉言懿行，博文精思，但此书记录了我校披荆斩棘、穷思皓首、弥志如坚的改革历程，诠释了我校在学校管理、课堂改革、教学研究、教师培训等方面所取得的教育成绩，全方位地体现了烟台四中的办学特色，希望能与教育同仁共飨。

为校者，立志当先。学校发展需要智慧，需要机遇，更需要锲而不舍的毅力和求真务实、勇于创新的精神。若无远大的目标，难以在不懈的探索中形成独具特色的科学的教育教学方案。“方案篇”阐释了我们基于学校基本情况，牢牢把握深化课改、大力推进小班化教学、精心挖掘自主招生潜力这“三大创新突破点”，制定学校发展规划和各项计划方案的意义。若无凌云之志，难以长期坚持探索创新，形成系统鲜明的教育思想和管理理念。自2013年起，烟台四中课改工作全面深入推进，学校立足于“一主两辅”的教学模式，尝试、钻研、创新，以改变课堂教学结构为突破口，让每个学生享受到适合自己的教育。学校把改革的起点放在管理上，“向管理要质量”。学校建立起由决策层到管理层、操作层一体化的管理网络，明确各自的职责分工，使学校工作产生联动机制。“管理篇”便从宏观层面介绍了我校的治校方略。

为教者，首在课程。学校的产品是学生，是服务，抑或其他？对这个问题的回答，关系到学校是否准确定位教育教学，是否以人本眼光看待学生、教师及其成长。教育的根本功能是育人，育人的主要载体是课程。特别是一所学校的校本课程，决定了学校发展的特色。可以说课程产品对于正确定位学校教育的任务与功能，明确学校办学的目标与方向，提高教育活动的水平与质量具有重要意义。我校以“尊重学生的差异，满足学生的个性需求”的理念来定位校本课程，不局限于培养学生的知识和能力，更注重培养学生快乐、健康、自信的心态，以及勇于探索、敢于创造、善于合作、勇于负责和不惧逆境的精神品质。“课程篇”总结了我校围绕优生培养的目标理念与原则方法，建构以“丰富性、选择性和层次性”为主要特征的立体化校本课程体系的具体做法。

为师者，教法为要。教育教学专家的成长经历证明，欲得科学教法，贵在因人制宜、锐意创新，升华为理，始得其法。科学教法不仅能传递学科知识，更能为学生提供人生理想、信仰与价值导向的探索路径。“教学篇”主要概述了上述内容。其中，编写导学案、抓好小组建设、再造教学流程的具体做法，破解了课堂教学改革工作中的诸多难题，具有较强的针对性和实用性。随着教师专业化进程的加快和教育内涵的日趋丰富，教师的教育教学视野已拓展到人的生存、发展的方方面面，而教师专业化成长最好的平台和途径始终是课堂。“教师篇”记录了教师们利用“自主、高效、互助”的新的课堂模式，推动教学质量的大面积提升的鲜活案例，从这部分我们可以感受到教师们的生命活力随文章喷涌而出。文中教与学、理论与实践、做人与为师的辩证关系，也体现了教师职业生涯之乐。

回顾几年来的课改工作，我们以“山登绝顶我为峰”的气魄、“乱云飞渡仍从容”的坚毅，稳中求变，变中思进，在推课改、求高效这条路上实现了弯道超越，取得了令人满意的办学成果，得到了社会各界的承认。不仅高考本科上线人数屡创新高，升入“双一流”大学的学生越来越多，还实现了烟台四中历史上北京大学零的突破。春华秋实，我们将课堂教学改革资料整理汇编成《路上》一书，以此作为四中人共同奋斗的履历，也算是为这段激情燃烧的岁月留下一串坚实的印记吧！

在成书过程中，得到了烟台市芝罘区教师进修学校孙文中主任的指导与支持，同时也得到了我校教师的无私帮助，在此一并表示谢意。

“路漫漫其修远兮，吾将上下而求索。”胸怀教育理想，肩负课改使命，在新课改的征程中，我们仍会继续奋然前行！因为我们依然在路上……

王　波

2018 年 10 月 1 日

目录

Contents

方案篇

管理篇

课程篇

教学篇

教师篇

1

方案篇

FANG AN PIAN

概　述

学校教育是价值引导和自主建构的统一，加强学校方案建设是学校依法治校、依法治教、依法办学的必然要求，是推进教育现代化的必然选择，是教育事业适应新发展的必由之路。

学校方案是学校各项工作全面落实的基本保障，是学校用以约束和激励师生，规范其日常行为，使得学校能够正常运转，保持正常教学生活秩序的一套基础制度。方案建设是学校深层次的校园文化，烟台四中在制定方案的过程中，坚持走群众路线的工作方法，从群众中来，到群众中去，密切联系群众，民主协商，集思广益，在充分酝酿讨论的基础上，制定出一套符合学校实际情况的方案。实际上，方案制定的过程，也是教师自我教育、自我管理的过程，对进一步提高广大教师执行方案的自觉性也有着重要的作用。

新课改对学校的方案建设提出了新的要求和挑战，新形势下与之相适应的方案建设是必要的，也是十分重要的，只有建立健全的方案才能保障新课改顺利开展，深入进行，才能使新课改精神深入并延续。

烟台四中认真学习、贯彻相关文件精神，组织领导、教师外出学习，并结合学校工作实际，坚定不移地进行课改，不断建立和完善各项规章制度，为学校新课改保驾护航，促进全校师生“强责任、转心态、变作风”，为学校可持续发展提供了良好的平台，营造了积极向上的工作环境和学习氛围，为学校教育教学成绩的提升奠定了坚实的基础。

一、成立新课改工作小组，明确学校发展思路

学校成立以党支部书记、校长王波同志为组长，其他领导班子成员和教职工代表、教研组长、备课组长、班主任为成员的方案建设工作小组，并召开领导小组会议和全校教职工大会，修订《烟台四中章程》（以下简称《章程》），明确学校发展思路，统领学校管理，为新课改的实施提供保障。

二、建立健全与新课改相配套的制度方案

为使学校各方面工作和各级各类人员岗位职责置于统一规范和要求之下，强化学校的新课改理念，推进学校自主管理、自我发展的运行机制，学校各职能部门在《章程》的统领下，对原有的不能适应学校发展的方案进行完善，并结合学校课改实际，重新修订一些方案，如《班风学风建设方案》《高效课堂导学案实施方案》《高效课堂评价方案》《小组评价方案》等，为公平合理评价每一位教师、每一个班级奠定了良好的基础，为学校各项工作考评提供了依据。方案的建立，使管理工作有章可循，有制可遵，有据可依，有度可评，为逐步实现学校工作管理科学化、规范化、制度化提供了可靠的保证。

学校对开展方案建设的各项工作进行了任务分解，做到分管到位，责任到人，主要采取领导小组提议、全体教职工讨论通过的方法，并在实施的过程中根据实际需要，将问题及时提交领导小组讨论解决，不断充实和完善相关方案。

三、重视方案的落实和执行，确保新课改顺利进行

在全校范围内利用各种平台进行宣传，学校管理不仅是建立健全方案的过程，更是执行落实的过程。若建立了一套好的方案，而在管理中不去严格执行、落实或管理不到位，方案就会形同虚设，成为一纸空文，更不能对学校师生起到约束、规范、激励和引导作用。从这个意义上讲，方案执行落实的过程也是学校管理方案建设的过程。方案要在管理过程中不断修改完善，逐步建立健全，不断走向科学化、规范化、制度化。

(1) 在加强学习上狠下功夫，切实提高师生对高效课堂相关方案的认识，做到内化于心。狠抓方案学习，学校为每位教师印发了“自主、互助”高效课堂实施手册，组织交流会，撰写学习心得；政教处、教务处多次组织学生会干部、班级小组长进行培训，以提升他们独立自主的管理水平和学习能力，做到学前有安排，学习有考勤、有笔记，起到了表率作用。

(2) 在强化落实上下功夫，凸显方案和管理的相辅相成，做到外化于行。学校领导班子进行责任分工，定期召开民主生活会，总结经验，收集意见和建议，及时进行讨论和解决。

(3) 严格进行常规检查。严格执行教学管理常规有关要求，在备、讲、批、辅、考、听评课、校本教研等方面实行量化管理，严格按照规定进行教学常规检查，通过检查督导促进教师业务水平的全面提高。在学生中全面推行良好行为习惯养成教育，以品格教育为切入点，施行“星级评价”制度，建立小组每日评价、班级每周评

价、学校每月评价的评价体系，充分利用值周学生、值周教师、值周领导的督导检查作用，让学生从“他律”向“自律”转变，从而从本质上提升学生的自我约束能力。

加强学校方案建设，为课改之路保驾护航，学习探究—建章立制—落实反馈，促进教育教学质量的全面提升。没有方案建设就谈不上管理，没有管理更谈不上方案建设，方案建设在管理过程中起着举足轻重的作用，管理和方案建设相辅相依，杂糅相容。

烟台四中课堂教学改革实施方案

用发展的思路解决发展中的问题是烟台四中基本的工作原则，面对高中教育发展的新形势和社会对人才需求的新变化，学校积极探索高效的育人模式，转变观念，进行课堂教学改革，这无疑是适应发展的根本之路。

一、实施背景

课堂教学是全面实施素质教育的主阵地，是学校工作的中心环节，是提高教育教学质量的根本途径。当前，我校广大教师牢固树立了质量意识，教学工作热情空前高涨，质量有了大幅度提升。同时我们也不得不承认，我们的付出与收获并不成正比，虽然教师教得很累，很辛苦，但学生学习的积极性不高、主动性不强，学习效率低下。究其原因，我们认为主要在两方面：第一，我们的教育教学理念还没有完全转变，教育教学方式上以灌输为主，忽视能力培养，缺乏情感激发，不能面向全体，没有激励评价机制，学生缺乏自主学习、自主管理的能力、时间和主动参与的空间，课堂缺乏生机和活力，班级缺乏凝聚力和竞争力；第二，学生的学习方式没有转变，一直是被动接受，课前不会预习，课上不会参与，课后疲于应付作业，成了接受性学习的牺牲品，学习效率低下。基于以上现状分析，为进一步推进我校的课改工作，深入贯彻落实《基础教育课程改革纲要》及《国家中长期教育改革和发展规划纲要(2010—2020年)》精神，提升全校课堂教学的效率和质量，经研究决定，我校自2013年9月新学期开始专项推进课堂教学改革工作，努力建构具有我校特色的高效课堂教学模式。为确保此项工作在全校顺利进行，特提出如下实施方案。

二、领导小组

学校成立课改领导小组和研究小组，负责相关方案的制定、落实和督查，确保课改顺利进行。

课改领导小组

组　长:王波

副组长:徐学琪　刘文佐　李豫威　李大敏

组　员:学校中层领导、级部主任

课改研究小组

组　长:赵冰　马成贤

组　员:各学科教研组长

三、指导思想与目标要求

以新课改理论及和谐高效课堂建设理论为指导,创新性地引进洋思中学、杜郎口中学、昌乐二中等课改名校的成功经验,取长补短,坚持"一切从实际出发"的原则,创造性地建构我校的高效课堂教学模式,建立民主平等的师生关系,培养学生的主体意识、主动精神和自主学习能力,实现"课堂活起来、师生动起来、教学实起来、质量高起来、能力强起来"五大目标。课堂教学改革发展的是学校,收获的是学生,成就的是教师。

四、课改基本理念

(1) 教是为了不教。教学就是教给学生学,学是灵魂,教服务于学。

(2) 有效教学最核心的一点是看学生是否愿意学、主动学以及会不会学,高效教学是指用最少的投入获得最大的产出。

(3) 先学后教,精讲多练,及时巩固,及时检测。

(4) 素质教育的三要义:面向全体、全面发展、主动发展。

(5) 实现三维目标:知识技能,过程方法,情感、态度、价值观。

(6) 学习方式:自主学习、合作学习、高效学习。

(7) 学生管理:自主管理、主动发展。

(8) 班级文化:亲情、感恩、责任、励志。

五、课改基本策略

(一) 高效课堂模式

高效课堂采取三制四段五步模式(简称"三制"教育模式,345 高效课堂)。

三制:导师制(即教师变讲师为导师)、班组制(即变班级管理为班级和小组管理)、学分制(即变学生考试成绩的单一评价为与平日上课过程中的学分评价相结合)。

四段：课前预习—上课展示—教师点拨—及时巩固（简称：预习—展示—点拨—巩固）。

五步：{温故知新 复习检测} ⇒ {激情导入 目标解读} ⇒ {小组合作 交流展示} ⇒ {教师点拨 拓展训练} ⇒ {巩固检测 布置作业}

（二）时间分配要求

（1）总的要求：课堂上学生自主学习、合作学习、课堂展示、课堂参与及总结、巩固、检测的时间不能少于25分钟，教师连续讲授的时间不能超过10分钟。学生课前预习的时间原则上控制在15分钟左右。

（2）课堂五步参考时间安排：温故知新、复习检测5分钟，激情导入、目标解读5分钟，小组合作、交流展示10分钟，教师点拨、拓展训练10分钟，巩固检测、布置作业10分钟，课堂机动时间5分钟。（说明：课堂五步的时间分配和步骤实施，教师可在实际操作中根据学科、课型、难度等实际情况适当调整）

（三）模式实施策略

采取一个核心三个保障的实施策略。

一个核心：学习目标。学习目标是高效课堂的指南针，要贯穿课堂始终，即课前明确目标，课中围绕目标，课后回扣目标。

三个保障：导学案、小组建设、班级文化建设。

六、课改实施阶段

（一）发动准备阶段

（1）课改通识培训。课改研究小组成员到洋思中学、昌乐二中等学校考察学习。回来后根据我校实际情况准备课改培训材料，制定相关规章制度，展开校内培训。

（2）召开课堂教学改革动员大会，把全校教师的思想统一到教学改革上来，深刻理解课堂教学改革是关乎我校发展兴旺的大事，课改是我校下一步的中心工作，一切围绕课改，一切服从和服务于课改。

（3）课改研究小组公布、宣讲并学习《烟台四中课堂教学改革实施方案》。

（4）广大教师利用新学期开学前一个多月的时间，认真学习和研究课改各项实操方案，初步形成自己的课堂模式，开学后正式进行授课。各备课组长寒假前要分好工，各任课教师利用寒假时间编制一部分导学案，各班主任利用寒假时间制定出本班的小组建设和班级文化建设实施方案（指具体操作计划），开学后对照方案实施（开学后方案分别交教导处和政教处存档，学校将择机进行评比）。

（二）组织实施阶段

（1）做好家长及学生动员工作。印发家长信，开好学生动员会。

(2) 开学两周内必须完成以下工作:班主任划分好小组,并完善机制;任课教师按高效课堂模式及流程实施方案进行课堂授课。

(3) 学校包科领导、包班领导及课改包级主任从第三周开始深入班级观班听课,要做到课改班级承包到人,根据学校要求扎实推进课改实施,并及时进行年级内、教研组内及全校范围内的总结通报。一个月后,举行课改示范课。

(4) 结合实验推进情况,学校教导处、政教处、班主任、任课教师不断进行多层培训。课改领导小组及时召开课改研讨会。

(5) 结合实验推进情况,及时发现和推出典型课堂、典型班级、典型小组,举行示范课和经验交流会。对于这些典型学校要在期中和期末表彰中予以表彰。

(6) 学期结束前,学校课改领导小组要对实验年级完成验收工作,对于验收不合格的个人和班级在学校综合考核中要有所体现。

(三) 实验提高阶段

(1) 组织"烟台四中'三制'高效课堂教学能手"评选活动,实行备课组、教研组捆绑,全校逐层评选的方式,评选结果将与个人、备课组及教研组业绩挂钩。

(2) 组织"烟台四中课堂教学改革优秀班级及班主任"评选活动,根据班级小组及文化建设等情况,采取年级捆绑、全校逐层评选的方式,评选结果将与班主任及年级组业绩挂钩。

(3) 总结表彰,经验交流。

(四) 实验完善和总结推广阶段

(1) 进行课改经验、成果和材料总结整理。

(2) 根据实验情况邀请上级专家部门到我校调研指导。

(3) 对实验进行完善和提高。

七、有关我校课堂教学改革的几点说明

(1) 我校的课堂教学改革对外地教改名校的成功做法有所借鉴,但因为我们在学校性质、办学体制、学生基础等方面与他们有所不同,因此我们也吸取了某些教改失败学校的经验教训。所以本次课改,我们坚持一切从实际出发、从实效出发,既不东施效颦,也不哗众取宠,而是学其精华,去其糟粕,从而形成了我们自己的高效课堂教学模式。

(2) 在我们的实际教学工作中,因为学科不同、课型不同,同一学科不同章节的难度也有所不同,实际操作时不可能千篇一律,所以我们还要坚持"不唯模式唯高效"的课改原则。另外,考虑到学生的自主学习能力和小组合作、讨论及展示能力需要一个循序渐进的提高过程,还有教师编制导学案的工作量问题,所以我们的课改先从新授课开始,随着学生自学及展示能力的不断提高,我们的课改再不断推向深入,以此确保我们的课改工作顺利进行,圆满成功。

烟台四中“三制”高效课堂教学模式实施方案

烟台四中在“和谐高效课堂”教学思路的指导下，借鉴“学习金字塔”理论，在学习多所教改名校经验的基础上，结合自身实际，提出了基于高效课堂建设背景下的“个性化学习教学范式”的课堂改革，坚持以教师和学生的发展为根本，以改革课堂教学模式、打造高效课堂为核心，围绕学生不同的学习方式来塑造课堂教学，形成了“重自主、重互动、重效益”的“三重”课堂教学模式。学生的主体地位得到进一步强化，学生的个体差异得到进一步重视，学生之间的团队意识得到进一步增强，通过科学合理的“教”，实现高效、个性化的“学”，最大限度地激发每一个学生的潜能，使学生真正成为课堂的主人。

自主、开放、充满活力的高效课堂，让烟台四中充满了勃勃生机。烟台四中高效课堂教学模式具体如下。

一、基本架构

三制：导师制、班组制、学分制。

四段：课前预习、课堂展示、教师点拨、及时巩固。

五步：温故知新，复习检测—激情导入，明确目标—小组合作，交流展示—教师点拨，拓展训练—巩固检测，布置作业。

二、导学流程

（一）课前预习

1. 复习、巩固、落实上节课所学内容

首先复习、巩固、落实上节课所学内容，进行基础知识和能力梳理。同时还要复习那些与新课内容有联系的知识，使复习真正起到承上启下的作用，为新课学习做好知识准备，然后利用导学案进行自主预习。

(1) 提前下发:提前1～2天将导学案下发到学生手中,让学生有充足的时间预习、思考。

(2) 自主预习:学生根据导学案的指导,自学教材,积累自己对学习内容的认识和理解,解决导学案中的预设导学题,用双色笔勾画出重难点,理解内容,通过自主学习、自主探究、自主掌握知识,初步建构起知识体系。

(3) 问题处理:学生要对自主学习过程中的疑点、难点、重点问题以及疑惑或障碍用双色笔做好记录,为提交学习小组合作探究打下基础。预习中的疑问要在课堂进行讨论、展示、质疑并经由教师点拨处理。

(4) 教师批阅:对于导学案的批阅时间和方式暂不做统一的要求。教师根据实际情况可以收齐后集中批阅,检查学生预习情况,掌握真实学情,以备课堂反馈。上课前将导学案发给学生。如果任课教师在第二天的前两节有课的话,教师可以不集体收齐批阅,但要采用抽查的方式,在课前抽查各小组同一层次学生的导学案,然后根据检查情况给各小组量化打分。

2.分层预习要求

认真研读导学案使用说明和学习目标,注意突出学习的重点。

(1) A层:完成全部基础案、拓展案。要对教材进行较为深入的把握,并在做题中总结做题的规律和方法,切实提高能力。注意将质疑和拓展的知识标注在导学案的相应位置。

(2) B层:完成基础案和部分拓展案。

(3) C层:预习时要熟记基础知识等识记类知识,主要完成基础案。

(二) 课前准备

课前让学生准备好教材、导学案、双色笔、典型题本等,同时一定要把激情带到课堂上。

(三) 课堂流程

1.序幕:课前演讲(约3分钟)

(1) 语文或英语学科要根据各班实际情况让学生进行激情演讲活动,时间控制在3分钟左右。

(2) 活动名称:名称是由各班学科班长或任课教师根据班级文化和学生特色来命名。比如“梦想讲坛”“我最闪亮”(每个班都可有自己的活动名称)等。

(3) 主题明确,内容多样。比如,系列演讲:“我的系列”——我的故事、我印象最深刻的人、我与书、我与自然等,“传统系列”——经典名文、传统名诗、儒家经典等,或根据新授课内容而进行的相关主题的演讲。

(4) 活动方式:小组轮流演讲或抽签决定等。演讲的学生要脱稿,要有激情,仪表大方,要展现个人风采,使用普通话。

(5) 学生或教师点评。从演讲的内容和仪态、声音方面进行点评，主要点评启迪、优点，同时以鼓励的语言指出努力的方向。

(6) 活动意义：培养学生敏锐的思维能力、即时语言组织能力、流畅的口头表达能力，增强学生的自信心和上进心。

2. 温故知新，复习检测(约 5 分钟)

(1) 检测内容：以上一节课学习的内容为主，一般针对上节课的知识点、能力点，突出重点，突出与本节课的知识联系点。抓住学生的薄弱环节，重在落实。发现问题及时解决，意在让学生扎实掌握知识，做到温故而知新。

(2) 检测方式：口头提问，黑板上默写，用小纸条、小卷等方式全班检测、抽查等。教师需将上课检查、提问的内容写在黑板上或投影在大屏幕上(多媒体展示)或者印制在小卷上，要有针对性地提问或检查，同时注意提高效率，节约时间。

(3) 复习检测的时间要适宜，控制在 5 分钟内。

(4) 检测面要适中，提问要面向全体，关注各层面的学生，要有针对性，力求使提问检测发挥较大功效。

3. 激情导入，目标解读(约 5 分钟)

(1) 导入语要新颖自然，简短而富有感染力，对学生要有启发性，贴近学生的心灵，起到激发学生学习兴趣的作用。

(2) 导入方式不拘一格，可以直接导入，或者用故事导入，确立课堂的情感基调，让学生全身心地融入这种课堂氛围之中。

(3) 学习目标表述要准确科学。教师或学生一律将学习目标板书在前黑板的右上角，书写规范，并且教师要对学习目标进行合理的解释、解读。要求解读目标切中要点，用语高度精练和充满激情，使学生对本节目标、学习重点有清晰明确的认识。

(4) 目标的针对性和操作性要强，要从知识能力，过程和方法，情感、态度、价值观三个维度出发制定学习目标。制定学习目标要贴近学生的实际。

(5) 制定目标要突出能力立意、分层设计，A 层一般重在拓展迁移，B 层重在总结方法和规律，C 层重在落实基础知识。

课堂上要自始至终围绕着学习目标进行，做到“一到位二围绕三回扣”。

4. 小组合作，交流展示(约 10 分钟)

1) 第一步：导学案批阅反馈

(1) 教师在认真批阅、检查或抽查(各小组同一层次的学生)导学案的基础上，反馈导学案完成情况，对小组做好评价，提出改进意见。表扬优秀小组和优秀个人，并在前黑板左上角学习小组评价表中给各小组量化打分。

(2) 教师要从学生的态度、作业质量和出现的知识、能力上的问题进行反馈，同时指出导学案的重难点，作为本节课学习的重点。

2) 第二步：小组合作讨论

(1) 教师明确提出各小组讨论的内容与任务。讨论内容以检查导学案中发现的学生存在的疑惑、障碍以及本节课的学习重点为主，教师可用大屏幕布置讨论方法，明确讨论时间和讨论目标。

(2) 要求：

① 学生起立，积极投入小组讨论。要针对导学案上教师勾画的地方、自己预习中的疑问、教师提出的重点问题进行小组合作讨论，讨论要切中问题的要害，以解决疑难为主。找出自己失误的原因，进行详细的纠错，总结做题规律。

② 先是同层学生一对一讨论，然后是小组内集体讨论。讨论时要用红笔做好记录，一对一讨论时遇到的疑难问题交组内集体解决，所有的组员都要发挥自己的优势，力争解决所有的问题。小组内集体讨论时，由 A 教 B，B 教 C，A 还要帮助全组拓展思维。每个人都要融入讨论之中，克服假讨论或不认真的无效讨论。

③ 讨论过程中，每个人都要确定自己的目标，要有规律和方法的总结。

④ 分层达标。C 层学生要积极整理、巩固、落实；B 层学生要整理答案，并积极分析归纳规律性知识和方法；A 层学生要在完成对 B、C 指导后，积极进行拓展延伸。

⑤ 组长要协调组织，安排本组任务，分工明确，安排探究成果的记录、整理、展示。搞好调控，调控语速、内容、进度。学科小组长要搞好组内评价。

⑥ 教师要深入小组中，参加讨论，控制好过程，观察各小组的行为，洞悉学生对问题的理解程度，解决合作学习中出现的问题，同时要了解到疑难问题或新生成的问题。如果小组活动开展得好，应予以表扬；发现小组分工不清、讨论混乱时要耐心指导；发现讨论偏离主题时要及时点拨，充分发挥教师的主导作用。教师还要通过培训多教给学生一些基本的合作方法和讨论技巧。

(3) 高效展示。教师首先要用多媒体等形式出示小组展示的具体要求。

① 展示内容：展示内容主要为学生自主预习中遇到的难题和疑点，以及本节课的学习重点。

② 展示形式：口头展示与书面展示相结合。对特别重要而又需要拓展、规范学生思维的问题，要加强书面展示。

③ 展示人员：展示的学生可由小组长安排或教师指定，为调动各类学生的积极性，A、B、C 各层学生展示的机会要均等。学生展示时，由 A 生展示得 1 分，由 B 生展示得 2 分，由 C 生展示得 3 分，展示错的不得分也不扣分。各小组 A 生要尽量帮 B、C 生展示，体现全组的最高水平。

④ 展示要求：展示的学生要概括要点，注重归纳和总结，用红笔标注重点；到黑板前书面展示时要书写认真、规范、迅速，条理清楚，排列有序。口头展示的学生要尽量脱稿。不展示的学生继续采用“兵教兵”小组合作讨论的方式，讨论尚未解决的问题，讨论完毕后抓紧巩固落实知识，争取将知识落实在课堂。讨论和展示要交叉进行，防止浪费时间。可以有二次展示，或者展示疑问、精华，甚至是错误。在展示基本结束时，全体学生要迅速浏览展示内容。

⑤ 注意事项：教师对学生展示过程中出现的不足、困惑，不能包办代替，要注意捕捉学生的创造性思维，引导他们碰撞出思想的火花，不要急于将学生的思维立即拉到自己预设的思路上来，要自然地设置有针对性的问题，让学生进一步思考回答。在此基础上教师再进行必要的拓展升华，拓展的问题可以是知识的总结，可以是题目的变形，也可以是方法规律的总结。

5. 教师点拨，拓展训练（约10分钟）

教师的点拨拓展主要做好三个方面的工作：

（1）对学生展示的答案或结果进行恰到好处的评价，并量化打分。

（2）解答学生提出的疑难问题，补充学生遗漏的要点。

（3）对重点问题、核心问题进行讲解挖掘和拓展训练，使课堂向深度发展。这是一节课教师主导作用的最重要的体现，它决定着一节课所达到的高度。

在此环节中教师一定要准确地了解学生的学习情况，根据学生自主学习、小组合作探究中发现的问题，围绕学习目标，对重点、难点、易错点进行重点讲解，总结答题规律，点拨答题方法与思路。讲解时要做到语言简练。

【说明】

鉴于我校学生的实际，他们暂时无法达到能够科学准确地进行点评的能力，所以主要采取教师根据学生展示的情况进行点拨的方式。在这个过程中，学生要积极参与、发言或者质疑。经过一定的训练过程，最终还要实现课堂上的学生自主点评。

在此环节中，教师还要注意以下几点：① 教师善于追问、引导、补充和总结；② 教师点评适时、适度，深入浅出；③ 学生质疑发言时，教师让出讲台，不和学生“抢风头”；④ 注重即时评价，一评知识点，二评过程、方法，三评情感、态度。

6. 巩固检测，布置作业（约10分钟）

1）巩固检测

（1）学生根据同学的展示和老师的点拨梳理当堂所学内容，巩固落实，重建知识体系。

（2）教师针对学习目标精心设计检测题目（检测题目要有层次性，如设计必做题和选做题，让不同层次的学生达到不同的目标。当堂检测选择的题目要求高度概括，不在于数量，更注重质量，力争选择的题目不仅考查本节课探究的重难点，而且还要体现本节课中学到的过程、方法与目标，真正体现课程的要求），进行当堂达标测试，学生独立完成。检测形式可以灵活多样，有提问、书面回答、背诵、复述等。检测题可以当堂订正，或可通过教师抽检、小组长批阅、组员互批等方式了解学生答题情况，及时对错题进行讲评点拨。检测可让学生做到心中有数，以便于查缺补漏。

对当堂检测题也可以下节课反馈。对于检测中暴露出来的问题，教师既可以利用课余时间给学生提供直接帮扶，也可以指派小组长、学科小组长等实现对弱生的帮扶。

语文课还可以由本节课内容引出话题，进行课堂小练笔或课堂辩论等形式的巩固拓展性练习，让学生养成天天写作的好习惯，提高听说读写的能力。

检测方法：① 利用导学案上的题目；② 利用多媒体投影；③ 利用学生之间互查、小纸条等方式。

2）布置作业

(1) 巩固性作业——巩固案。复习巩固本节课所学基础知识，梳理能力点，总结方法规律。

(2) 预习性作业——利用导学案预习下节课内容，分层次布置自主学习作业。

(3) 典型题做在典题本上。

(4) 学生整理、落实、用双色笔二次修改导学案。

7. 尾声：学科班长的总结与评价（1分钟）

(1) 回扣学习目标，总结学习内容，强调重点。

(2) 总结目标完成率、课堂达标情况、出现的问题、注意的事项以及对学生和课堂的希望。

(3) 评价小组活动，表扬优胜小组和优秀个人。

【备注】

整堂课学生自主学习、参与讨论展示的时间不得少于25分钟，教师连续讲授的时间不准超过10分钟。学生课前预习的时间原则上控制在15分钟左右。

在教学中，我们应给予学生足够的学习、思考、合作的时间，重视生生互动。在此基础上，再引导交流。要把课堂足够的时间留给学生，能使他们有机会进行相互切磋，共同提高。只有保证了合作的时间和空间，才能保证合作的质量。

三、应注意的问题

(1) "三制四段五步"课堂教学模式是新授课课堂教学的基本环节，它只是最基本的要求，是教学普遍适用的一般模式，但我们更强调的是"不唯模式唯高效"，在教学中不同学科、不同课型应具有在此基础上的各自适用的范式。课堂五步的时间可在实际操作中根据学科、课型、难度等实际情况适当微调。

(2) 在课堂教学中不可忽视教师的主导作用，不仅考虑教师如何教的问题，更要研究学生如何学的问题，也就是如何让学生学得更多、更好，更会学、更乐学，要在课堂教学中充分发挥学生学习的主动性，培养学生的责任感。

(3) 应注意学生合作学习形式和效果的统一，不能把关注的焦点只放在学生的具体表现形式上，以为课堂热闹了，学生合作、讨论了，就是体现了新理念。合作学习应建立在学生个体需要的基础上，只有学生经过了自己的独立思考，有了交流的需要，再开展合作学习才会收到实效。

烟台四中高效课堂评价标准

项目及分值	序号	评价内容	等级及得分				
			A	B	C	D	得分
复习检测 温故知新 （5 分）	1	关注各层面的学生，有针对性，注重新旧知识衔接，具有承前启后、诊断提高的作用 对学生导学案完成情况反馈及时到位，并进行量化打分	5	4	3	2	
新课导入 （5 分）	1	围绕目标灵活导入，导入语新颖自然，有启发性，能激发学生学习兴趣	5	4	3	2	
学习目标 （10 分）	1	从知识与能力，过程与方法，情感、态度、价值观三个维度出发制定学习目标，目标明确、具体、恰当，符合学生实际，体现新课程理念	10	7	5	3	
	2	学习目标表述准确科学，操作性强，规范地书写在黑板右上角					
	3	教师对学习目标进行合理解读，让学生真正明确本节课的具体要求及要达成的目标					
	4	教师围绕学习目标进行教学，学生能围绕学习目标展开学习并紧扣目标总结归纳					
合作探究 （10 分）	1	任务明确、要求具体，学生能够全员起立，积极参与讨论	10	7	5	3	
	2	讨论具有层次性、实效性，时间分配合理，控制得当					
	3	教师深入小组参与学生讨论，及时发现问题，了解学生的学习进程					

续表

项目及分值	序号	评价内容	等级及得分				
			A	B	C	D	得分
交流展示（10分）	1	展示要求明确具体，展示兼顾各层学生	10	7	5	3	
	2	展示形式多样化，展示与讨论结合，省时高效，整体效果好					
教师点拨（15分）	1	教师对展示学生点评自然顺畅，恰到好处，激励到位，并进行量化打分	15	11	8	5	
	2	重难点处理得当，注重经验规律的总结，点拨答题的方法与思路					
	3	教师点拨疑难效果突出，问题解决到位，讲解时要做到语言简练，思路清晰					
	4	重视调动学生的积极性、主动性，师生积极互动					
拓展训练（5分）	1	搞好分类总结和提升，提出有思考价值的问题，进行进一步的拓展训练	5	4	3	2	
巩固检测（5分）	1	组织学生回顾落实，总结反刍	5	4	3	2	
	2	注意课堂信息的反馈，精心设计检测题，当堂检测，保证学生学习堂堂清					
布置作业（5分）	1	分层布置巩固性作业、预习性作业及典型题	5	4	3	2	
总结评价（5分）	1	回扣学习目标，总结学习内容、课堂达标情况以及出现的问题	5	4	3	2	
	2	从复习检测、课堂展示、大胆质疑、参与度等方面评价小组表现，综合打分，表扬优胜小组和优秀个人					
基本功（5分）	1	恰当运用多媒体等现代教育技术和手段辅助教学。教师富有激情和亲和力，能灵活驾驭课堂 板书设计合理，文字用语规范得体	5	4	3	2	

续表

项目及分值	序号	评价内容	等级及得分				
			A	B	C	D	得分
教学效果（10分）	1	课堂和谐高效，气氛活跃，学生学习兴趣浓厚，学生良好的学习习惯得以培养和发展 分层目标达成度高，学生能从较高目标达成率上获取成功的喜悦，享受到学习的快乐	10	7	5	3	
时间控制（10分）	1	整堂课学生自主学习、参与讨论展示的时间不少于25分钟，教师连续讲授的时间不超过10分钟	10	7	5	3	
			合计分				

烟台四中导学案及作业批改评分表

时间： 学科： 备课人： 评价人： 综合得分：

项目及分值	序号	评价标准	等级及得分			
			优秀	良好	合格	得分
导学案整体评价（20分）	1	导学案编制数量合格，符合教导处要求的新授课数量 导学案整理按照编号从小到大，中间没有遗漏的情况 （少一课时就为不合格）	4			
	2	导学案有打印的封皮，格式符合教导处要求的内容和字体字号，体现学期、学科、教师姓名等信息	4	3	2	
	3	导学案外观整齐，大小一致，每张导学案从中间折叠，全部为16开左右大小	4	3	2	
	4	导学案补充环节用统一颜色的笔，或者说统一用双色笔，用笔较为规范	4	3	2	
	5	导学案补充备课中，教师书写认真，字迹工整大方，版面排列较为美观	4	3	2	

续表

项目及分值	序号	评价标准	等级及得分			
			优秀	良好	合格	得分
导学案教师备课环节评价（50分）	1	教师在导学案【基础案】【我的质疑】位置写有导入设置及复习检测内容 可以两者都有，也可只有导入环节。导入环节能够紧扣授课内容，注意知识的前后衔接，并能充分吸引学生的学习兴趣，形式设计较为新颖	10	8	6	
	2	教师在导学案【基础案】【我的质疑】位置写有学生基础案批改情况的反馈，即学情的具体记录与分析，学生小组得分的情况等	10	8	6	
	3	教师导学案中要有圈点勾画和补充填写的痕迹，如授课环节中题目的准确答案，题目分析中设计的知识点以及讲解题目中需要注意的问题等内容。补充详细具体，具有实效性	10	8	6	
	4	教师在导学案【巩固案】【学后反思】位置填写“教学反思”，每节课都有，主要是对自己授课情况的反思，以利于导学案的修改以及自己教学水平的提高。反思内容要求具有实效性	10	8	6	
	5	导学案备课中还有其他补充环节，如展示的小组以及学生安排、授课时间安排、导学案分层作业的布置、知识的遗漏或者是自己教学的相关要求等，补充较为详细实用	10	8	6	
导学案及典型题批改情况评价（30分）	1	学生导学案整理仔细认真，序号能从小到大依次排列，外观整齐，大小一致。每张导学案从中间折叠，全部为16开左右大小。有封皮，有装订，导学案保存较好，外观整洁	5	4	3	
	2	教师对导学案中“三案”的批改细致到位，学生能够及时改正“三案”中的错误，不留有批改的漏洞	5	4	3	
	3	学生典型题本型号统一，本子封皮贴有“学科典型题集”字样，本子材质有利于保存，外观整洁	5	4	3	

续表

项目及分值	序号	评价标准	等级及得分			
			优秀	良好	合格	得分
导学案及典型题批改情况评价（30分）	4	学生典型题集整理的内容充实详细，有序号、题目、答案、错误原因分析（用红笔书写）等内容，整体书写认真	5	4	3	
	5	教师对学生典型题集一周批改一次，留有批改痕迹，并能够对学生的整理情况提出改正意见	5	4	3	
	6	教师批改态度积极，在导学案和典型题集的批改处能够及时留有鼓励性的话，能激励学生	5	4	3	

烟台四中研究性学习实施意见

学校教育在传递知识的同时更要提升学生的自主学习水平、自主研究能力，使得学生在获取知识的同时，更获得学习方法，这是个人长远发展的必备能力。在高中阶段推进研究性学习是提升学生自主学习与钻研能力的有效方式。我校研究性学习是在教师指导下，以学生自主采用研究性学习方式开展研究为基本形式，以培养学生具有科学求证、勇于探索的意识，发现问题、提出问题、解决问题的能力为根本。各学科在《烟台四中研究性学习实施意见》的指导下进行研究，制定方案，组织开展并进行有效的评价，均取得了阶段性的成果。

一、推进研究性学习的作用与意义

（一）研究性学习可以提升学生的综合能力

研究性学习可以促使学生通过自己亲身的观察、访谈、设计、搜集、制作等活动获取信息，得出结论，而不是由教师将现成的知识、结论通过传递式教学直接教给学生。

学生获取的知识是学生真正理解、真正属于学生的知识；探究对学生的思维构成了挑战，有利于思维能力的培养；探究过程要求综合运用已有的知识经验，有利于学生将所学知识加以整合，也有利于学生学以致用；研究性学习有利于保护学生的好奇心，对于兴趣和个性的培养至关重要；探究有利于培养学生实事求是的科学态度；探究有利于促进学生学会合作、学会交流、学会倾听、学会批判和反思；在亲历探究过程中，学生经历挫折与失败、曲折与迂回、成功与兴奋，这种学习经验是他们理解科学的本质与精神的基础；研究性学习引导学生自主获得知识或信息，对于学生学会学习、终身学习具有重要意义。

（二）研究性学习可以促进课堂教学改革

研究性学习不同于课堂教学，课堂教学只是让学生通过一定的探究程序去发现早已存在于教材中的预知结论，是半开放、半封闭的准探究。而研究性学习则以学生在学习生活和社会生活中的各种课题为学习载体，要求学生对完全开放的题材或问题进行真正意义上的探究，在这种类型的探究中，学生所要寻找的答案或结论在某种程度上是未知的，至少从教材中找不到现成的答案与结论；甚至在某些时候，连问题本身也需要学生自己去发现、去判断。显然，研究性学习挑战性更高。

二、研究性学习学科分类

(1) 自然环境类：主要从研究人与自然关系的角度提出的课题，如环境保护、能源利用、农作物改良、动物保护、天文研究等方面。

(2) 社会生活类：主要从保护人与社会关系的角度提出的课题，如学校规章制度研究、人口研究、城市规划、交通建设、社会经济发展等课题。

(3) 历史文化类：主要从研究历史与人的发展角度提出的课题，如民俗文化研究、历史踪迹研究、名人思想与文化研究、传统道德研究等课题。

(4) 个人发展类：主要从关注个体成长的角度提出的课题，如学生社团研究、学生群体研究、学生消费研究、班级制度与文化、同学关系研究等课题。

(5) 发明创造类：主要从生活、学习、工作和劳动中发现物品的缺点，进而提出改进的措施。以科技创造为目标，进行科技发明尝试，争取取得成果，然后应用于社会并为社会创造出一定的社会效益。

三、综合性课题参考

(一) 环境保护

① 加快防治“白色污染”的步伐。② 对某地区废电池回收情况的调查及建议。③ 某地区饮用水污染与自然人为因素的关系和控制对策。④ 废旧电池的回收与利用。⑤ 环保筷的开发与推广。⑥ 某地区空气污染现状及对策。⑦ 浅谈水资源的污染及其治理。⑧ 汽车尾气的治理及再利用。⑨ 如何降低汽车尾气净化的成本？⑩ 关于海水淡化问题的研究。⑪ 降解塑料的发展。⑫ 关于口香糖的报告。

(二) 生活中的化学问题

① 新型建筑材料的开发与利用。② 金属防锈的研究。③ 有关饮料中非食用色素的调查。④ 环保型防震材料的开发。⑤ 修正液对人体的危害。⑥ 中学生营养与健康。⑦ 浅谈食盐与人体健康。⑧ 研究学生早上的饮食。

(三) 资源利用

① 太阳能发展前景及利用。② 创造绿色电能。③ 未来能源技术。

(四) 化学实验探索与研究

① 眼镜防水的实验。② 关于铵盐冷却性能的实验与探讨。③ 利用废物制取活性炭，回收、利用旧电池中的有用物质。

四、学科性研究课题

（一）语文研究性学习课题

① 文言文虚词研究。② 现代汉语字词音、形、义研究。③ 标点符号研究。④ 如何解读和赏析外国小说。⑤ 追溯诗歌的源头——《诗经》艺术探究。⑥ 我眼中的孔子（老子、庄子……）。⑦ 交际中的语言艺术。⑧ 追寻在某地留下足迹的文化名人。⑨ 寓言对生活的启迪。⑩《三国》人物性格探析。⑪ 现代流行语言的背后。⑫ 高考满分作文研究。⑬ 广告语的修辞分析。⑭ 民俗文化研究。⑮ 传记文学中的精神力量。⑯ 朱自清的散文艺术探究。⑰ 冰心作品中的爱的哲学研究。⑱ 张洁作品中的人性美。⑲ 中国古典诗歌发展探讨。⑳《诗经》专题赏析。㉑ 现代流行歌曲中的古典文化研究。㉒ 中学生课外阅读情况调查及分析。㉓ 中学生名著阅读情况调查及分析。㉔ 对联文化研究。㉕ 生活中的广告设计研究。㉖ 谚语的收集与归类分析。㉗ 网络文学对中学生的影响。㉘ 港台新文化对当代中学生的影响。㉙ 汉语新外来词的现状与发展趋势。㉚ 利用工具书培养学生研究性学习词语的尝试。

（二）数学研究性学习课题

① 我市主要十字路口人行道宽度的科学设计。② 超市中的数字问题。③ 向量在中学中的应用问题。④ 存款方式与收益研究。⑤ 登高望远——数学中的测量在现实生活中的应用。⑥ 投资人寿保险和投资银行的分析比较。⑦ 证券投资中的数学。⑧ 中国电脑福利彩票中的数学问题。⑨ 如何存款最合算？⑩ 余弦定理在日常生活中的应用。⑪ 水库的存水量如何计算？⑫ 食堂打饭窗口的设置问题。⑬ 数学中的黄金分割。⑭ 解答应用题的思维方法。⑮ 计算器对运算能力的影响。⑯ 数学灵感的培养。

（三）英语研究性学习课题

① 商品名称中的英文与汉译方法探究。② 中学生英语水平提高幅度与英文歌曲听唱之间的关系调查。③ 中西文化差异探讨。④ 中美人之间的交际习惯。⑤ 性格与英语学习。⑥ 趣味英语收集。⑦ 旅游景区的标识英语。⑧ 西方国家节日趣谈。⑨ 兴趣爱好与学习英语之间的联系。⑩ 英语口语训练。⑪ 英语中的颜色与心情。⑫ 英语中的动物习语。⑬ 高中学生英语学习的主要困难与解决方法的研究。

（四）物理研究性学习课题

① 温室效应的产生与影响。② 物理与能源开发。③ 防盗门的防盗原理。④ 自行车上的力学知识。⑤ 鸡蛋身上的物理学。⑥ 学校周围噪声的防治。

⑦ 现代交通与噪声污染及防治。⑧ 魔术中的物理原理。⑨ 物理教具的改进及创新。⑩ 古诗词、成语、谜语、常用语中的物理哲理。⑪ 拔河比赛取胜的因素。

（五）化学研究性学习课题

① 家庭装修材料的取材研究。② 用植物色素制取代用酸碱指示剂及其变色范围的测试。③ 过氧化钠与二氧化碳反应的实验改进。④ 汞是如何进入食物链的？⑤ 对市场补钙药品的研究。⑥ 食用油脂与健康。⑦ 常用食品添加剂的成分。⑧ 各种水果的维 C 含量之比较。⑨ “逆反心理”与“平衡移动原理”的共同点。⑩ 汽车防腐涂层的调查和研究。⑪ 调查医院化验室中化学知识的应用。⑫ 日用洗涤剂对人体和环境有害吗？⑬ 如何鉴别有毒和无毒塑料？⑭ 形形色色的新型面料。⑮ 鞋底材料的调查。⑯ 警惕无形杀手——居室污染。⑰ 碳酸饮料和果汁饮料的市场调查。⑱ 头发及其与润发露的搭配。⑲ 酸雨的防治。⑳ 关于绿色食品的研究。㉑ 化学农药。㉒ 燃料电池的前景。㉓ 未来我们穿什么？㉔ 自制家用净水器。㉕ 自制营养豆浆。㉖ 自制香水。㉗ 居室污染的检测。㉘ 不同茶叶的成分与营养价值研究。

（六）历史研究性学习课题

(1) 中国古代史：少数民族对中华民族发展做出的贡献、中国古代科举制度研究、中国古建筑研究、中国古地名研究。

(2) 中国近代现代史：辛亥革命的成功与失败、太平天国与义和团运动的比较研究、五四运动时期的中国青年知识分子、抗日战争胜利的历史原因、本地区战争年代英雄人物和革命事迹调查、近代中国著名人物研究、改革开放以来我国社会生活的变化。

(3) 世界近代现代史：世界史上著名人物研究、两次工业革命对人类社会发展的影响、两次世界大战爆发的原因、不同时期国际关系研究、法西斯势力崛起的原因、第三次科技革命的特点和影响、日本对二战的反省。

(4) 地方史研究：当地历史古迹的调查、当地民俗研究、地方方言研究、学校校史研究、当地杰出人物传略、地方服饰研究、地方饮食文化研究。

（七）地理研究性学习主题

(1) 制作模型类：土地规划、国土整治（生态城市模型）模型制作，海水淡化装置、冰川搬运设备制作，以生态观点进行节能、处污装置的设计，我国地理位置对我国经济、文化、政治和外交的影响。

(2) 从地缘关系分析美国发动伊拉克战争的原因、我国风水学中的科学地理成分。

(3) 地理素养对我们学习、生活和工作的影响。

（八）生物研究性学习主题

① 制作真核细胞的三维结构模型。② 利用废旧物品制作生物膜模型。③ 制作反射弧模型。④ 调查班级同学的性状差异。⑤ 探究人体皮肤的屏障作用。⑥ 不同浓度的香烟浸出液对水生动物的影响。⑦ 不同生活环境中的病菌知多少。⑧ 影响细菌生长繁殖的因素。⑨ 我校学生的饮食研究。⑩ 利用无土栽培技术培养植物。⑪ 粮食种子的贮藏和水果的保鲜。⑫ 设计小麦品种间杂交育种程序。⑬ 测定种子发芽的呼吸商。⑭ 土壤中动物类群丰富度的研究。⑮ 环境污染对生物的危害及其防治。⑯ 新校园的绿化调查及其改进措施。⑰ 农药对蛙的影响。⑱ 苔藓植物对空气污染的指示作用。⑲ 卧室内放绿色盆景多多益善吗？⑳ 黄平长寿之乡的调查研究。

（九）政治研究性学习主题

① 反思价格战，如家电领域、零售业、民航业、国产汽车、IT 行业等与日常生活密切相关的价格现象。② 老百姓投资面面观。③ 中国保险业将何去何从？④ 个人收入分配方式的变化。⑤ 公平与效率谁重要？⑥ 个人所得税缴纳现状。⑦ 经济全球化与中国的发展。

五、研究性学习教师需要注意的事项

（1）要把握好指导的时机。在研究性学习过程中，教师什么时候指导、如何指导学生是非常重要的。在学生还没有进行充分的自主探究前，教师就不要介入，以免剥夺了学生本可以自主尝试和发现的机会，以及从教训中进行学习的机会；在学生处于茫然无助、停滞不前的状态时，教师就要及时进行鼓励和指导。在指导过程中要注意掌握不同学生在不同阶段遇到的不同问题。把握研究性学习的三个阶段：一是“学什么”阶段，二是“怎么学”阶段，三是“学到什么程度”阶段。

（2）与学生熟悉的学习方式相比，研究性学习对学生提出了完全不同的要求。教师不要操之过急，要求过高，要以鼓励、耐心指导为主。

新课改小组建设方案

化整为零，以点带面，全面开花，烟台四中建立以“小组探究”为主、班级管理与小组管理相结合的课堂学习模式和管理模式。教师按照学生水平不同分层设置学习目标，通过学生互助模式，以优促优，更好地兼顾学生个体间的差异。在班级中建立小组之间、组员之间的合作竞争机制，使小组成员在课堂上互帮互助，在日常管理上互相监督，从而大面积提高班级管理的效能，提升学习质量，形成良好的班风、学风。

烟台四中小组管理模式具体如下。

一、小组建设的意义

(1) 它是高效课堂的三条支柱(导学案、小组建设、班级文化)之一。

(2) 利用小组的好处：① 打破了原来单一的“插秧式”授课方式，更能体现“以人为本”的理念；② 培养了学生之间的交流合作能力，小组合作学习的意义远远超出了学习本身；③ 培养了小集体的团结(团队)精神；④ 分组合作增加了学生展示的机会，增强了学生的自信心，特别是学困生参与课堂展示的机会更多了；⑤ 有利于落实兵教兵、兵练兵、兵强兵的小对子帮扶工程；⑥ 有利于实行分层次教学，教学中更注重了学生的个体差异；⑦ 增强了学生自我管理的能力，更有利于班主任的管理。

二、小组的类型

小组包括学习小组、学科小组和行政小组。

(一) 学习小组

1. 组建原则

(1) 科学划分，6 人一组，学习成绩均衡，分为 AA、BB、CC 三层，便于各小组公平竞争。

(2) 男女比例分配要适中,学生性格搭配要互补,优势学科与弱势学科要结合好。

(3) 都要有小组名称、活动口号、组徽、组牌、组规。

(4) 座位的安排要合理:优秀生居中(通常是正副组长),中等程度和待转化学生在两边。

(5) 阶段性随机调整。小组内成员固定好后,经过一段时间的观察、评比,应该及时地进行调整。

2. 具体分组方法

每班以 8 个小组为宜,每组 6 人。每组学生编好座位后,每个学习小组 6 人中,按照学生知识基础、心理特征、性格特点、兴趣爱好、学习能力、家庭情况等分为 A、B、C 三类,6 人形成 AA、BB、CC 的组内成员结构。A 类学生为特优生,B 类学生为优秀生,C 类学生为待优生。

3. 小组内的基本机构人员设置

(1) 每小组设组长、常务副组长、学科组长。

(2) 组长抓学习,常务副组长抓常规,分工合作。

(3) 学科组长每科一名,具体负责本学科的各项学习工作,用以调动、激发每个学生的积极性。

4. 学习小组长的职责

1) 课堂职责

(1) 督促组员做好课前准备。

(2) 关注组员课堂表现,及时提醒。

(3) 组织好组内的讨论、展示、点评。(分好工,让组员每人有事做)

(4) 记录组员当堂分数。(可以分工给副组长或学科组长)

总之,要让组内每位学生积极、高效率地参与课堂的每个环节。

2) 课下职责

(1) 督促组员整理好导学案。(可以分工给每个学科组长)

(2) 督促组员及时完成作业。(坚决杜绝抄袭现象)

(3) 组织、督促组员做好每天的导学案巩固。(可以分工给每个学科组长)

(4) 安排组员互相讲题、检查背诵等。

(5) 做好常规检查和记录。(副组长——纪律、卫生等)

(6) 根据组员每天的表现及时找问题组员进行谈话教育或召开临时小组会(调动每位组员的积极性),针对组员出现的较严重的问题及时与家长和老师沟通。

(7) 做好每日小组整体情况总结和每周总结。(表扬与批评相结合,提出合理化建议)

5. 小组长的培训

(1) 培训方式:班主任定期培训、科任教师定期培训、科任教师课前简短培训。

(2) 培训内容:课堂的流程、组织管理的方式方法、导学案的检查批改等。

(3) 定期召开小组长座谈会——每班每周至少组织一次小组长会议。

(二) 学科小组

1. 学科小组的组成

(1) 任课教师、学科班长、每个学习小组内学科成绩最优秀的学生或对本学科最感兴趣的学生一人。

(2) 过一段时间后,根据需要或者成绩变化,班主任可以适当进行人员调整。

2. 学科小组的职责

(1) 每周召开一次学科小组研讨会。学科班长组织并负责联系任课教师,确定时间、地点。研究内容主要反馈学生在近期学习上存在的问题、困难和要求,反馈作业量,给教师的课堂指出存在的问题并提出合理化改进建议,师生共同商讨达成解决办法。

(2) 学科小组成员在课堂上要发挥带头作用。组织好课堂的有效讨论,帮助B层、C层学生解决疑难问题,主动带头搞好展示、点评和拓展,活跃课堂气氛。

(3) 学科小组发挥好管理作用。在课堂上学科小组成员要教育小组成员积极参与课堂,在课下检查各小组成员学科笔记本的整理、典型题目本的整理,督促各小组及时完成老师布置的作业。

(4) 学科小组长负责协调好每天各科的作业量。一是学科小组长主动向老师反馈作业量的情况,提出改进建议。二是各学科小组长要主动进行协调,协商好各科收缴作业的具体时间,防止各学科撞车。

(5) 学科小组定期进行一些学科活动,服务于本学科教学。例如,定期举办学法经验交流会,定期举办墙报《学习园地》,定期向学生推荐本学科的知识树、能力树,落实语文课、英语课课堂5分钟演讲活动。

3. 任课教师的职责

(1) 按要求每周参加一次学科小组研究活动。在活动中任课教师要虚心听取、合理采纳学生的建议,及时改进自己的教学思路。

(2) 用好《学科小组记录本》,及时批阅学生反馈的问题,思考解决的办法,做到心中有数。

(3) 培养本学科骨干。利用教师与学科小组成员每周碰头机制及时给小组成员加"营养餐",把学科小组成员培养成本学科骨干,让他们在课堂上更多地点评、拓展、总结规律和方法,真正发挥引领、带头作用。

(4) 发挥好引领、指导和组织作用。任课教师要引领学科小组健康发展,指导组长的工作方法,指出他们存在的问题,防止他们走弯路。

4. 对学科小组的培训

(1) 班主任不定期组织学科小组长培训会,不定期组织学科小组长交流会,让他们在班内互相学习,健康发展。

(2) 各年级不定期组织“学科小组长论坛”,在年级范围内让学科小组长互相交流,互相学习,最终做到教学相长。

(三) 行政管理小组

1. 行政管理小组组成

班长、团支书、学习委员、卫生委员、宣传委员、纪律委员、生活委员、体育委员、值日班长、值周班长。

2. 工作职责

(1) 班长:团结班委,凝聚同学,搞好班级建设,同大家一起创造一个良好的学习环境。

(2) 团支书:全面负责班级团支部工作,团活动计划,安排、检查、督促、总结、汇报工作。

(3) 学习委员:负责班级的学习管理工作,严以律己,模范带头,督促同学们学好开设的各门课程。

(4) 卫生委员:组织安排清扫和保持好教室、宿舍和卫生区卫生,给大家创造良好的学习环境。

(5) 宣传委员:宣传展示班级工作,协助班长、团支书做好班级同学思想工作。

(6) 纪律委员:抓好教室及校内纪律,为学习及休息提供良好环境。

(7) 生活委员:收好班级各项费用,保管好各种收据,协调班级所有生活问题。

(8) 体育委员:负责班级各种活动的组织和管理,凝聚班级精神,展示班级风采。

(9) 值日班长:体验班长职责,提高自己,换位思考。

(10) 值周班长:负责一周内的纪律、卫生、活动等各项工作,指导值日班长开展工作。

三、小组晋级评价方案

(一) 课堂评价(学科班长或值日班长负责)

(1) 小组内全体成员课前准备及时:+1分。

(2) 课堂上积极主动展示点评、质疑、答疑(包括口头和书面):C(+3分),B(+2分),A(+1分)。

(3) 被老师表扬为优秀小组:+1分。

(4) 课堂上组内有违纪者或讨论不积极者,酌情扣1~2分。

（二）作业评价（学科班长负责）

（1）小组作业及时交齐，＋1分；组内有不交（或不完成）作业者，每科－1分。

（2）根据教师批阅情况，每节课教师公示优秀小组（2或3个为宜）：＋2分。

注：发现抄袭作业者取消该组当周本项评价资格。

（三）高效评价（值日班长负责）

（1）每天早自习和下午第八节自主学习时间，对激情、高效的个别小组＋3分。

（2）班主任或任课教师根据观察到的表现进行即时评价，加入量化。

（四）集体活动加分（常务班长负责）

各班根据具体活动自行规定。

（五）互查监督（值日班长负责）

小组间交叉检查，若发现组长给组员计分作弊则取消本周优秀小组评选资格。

（六）考试检测（学习部长负责）

总成绩：

（1）小组第一名、二和三名、四至六名、七至九名分别加7、5、3、1分。

（2）个人前五名、六至十名、十一至二十名、二十一至五十二名分别加5、4、3、1分。

（3）单科：第一名、二至五名、六至十名分别加3、2、1分。

注：考核测试中有严重违反考试纪律，如做小抄、手机通信等，每人次扣20分，并取消优秀小组评选资格。

四、组员个人晋级评价方案

（一）课堂评价（学科组长或副组长负责）

（1）课堂上积极主动进行点评、质疑、答疑（包括口头和书面）：C（＋3分），B（＋2分），A（＋1分）。

（2）主动点评者或被老师表扬点评优秀者：＋1分。

（3）被老师表扬为优秀小组，每个成员＋1分。

（4）课堂违纪或讨论不积极者，酌情扣1～2分。

（二）作业评价（学科组长负责）

（1）有不交（或不完成）作业者，每科－1分。

（2）根据教师批阅情况，每节课教师公示优秀个人（2或3个为宜）：＋1分。

注：发现抄袭作业者取消个人评价当周本项评价资格。

(三) 高效评价(副组长和班主任负责)

(1) 每天早自习和下午第八节自主学习时间,对激情、高效的个人+1分。

(2) 班主任或任课教师根据观察到的表现进行即时评价,加入量化。

(四) 集体活动加分(组长和班主任负责)

各班根据具体活动自行规定。

(五) 互查监督(值日班长负责)

小组间交叉检查,若发现组长给组员计分作弊则取消本周优秀个人评选资格。

(六) 考试检测(组长负责)

总成绩:

(1) 小组第一名、二和三名、四至六名、七至九名,个人分别加7、5、3、1分。

(2) 个人前五名、六至十名、十一至二十名、二十一至五十二名分别加5、4、3、1分。

(3) 单科:第一名、二至五名、六至十名分别加3、2、1分。

注:考核测试中有严重违反考试纪律,如做小抄、手机通信等,每人次扣20分,并取消优秀个人评选资格。

烟台四中班级文化建设实施方案

学校工作走到深处是管理，走到高处是文化。从教改初期，我校针对校园显性文化层次比较低、整体规划不够、主题不够鲜明、内容和形式都有待提升的现状，对校园显性文化进行了整体规划和建设，围绕“个性化学习范式”这个主题，陆续对校园的各个部位进行了装饰，校园内的各种标语、标牌、文化墙逐步完善，已经基本形成体系，提升了我校文化层次。

班集体是学校教育工作的最基层单位，也是最关键的单位。学校教育过程中，任何其他部门都无法代替班集体对学生的教育作用和影响。可以说，一个好的班集体会对学生的情感、态度、价值观和行为习惯产生潜移默化的教育影响力和感染力，学生就会受到积极的、向上的鼓舞。反之亦然。

班集体文化建设的成败决定着学校德育工作和学校文化建设的成败，抓住了班集体文化建设就抓住了学校德育文化工作的主要矛盾。

一、建设目标

创建文明的学习环境，建立实际可行的班级管理制度，丰富学生的精神生活，塑造学生的健康心灵，经过师生的共同努力，营造出民主和谐、积极向上的家庭式亲情关系。

二、具体内容

（一）班级显性文化建设

可以通过班报的编排、学习园地（墙报）的设计、名人名言的剪贴等，将教室布置得新颖独特，让这些无声的事物所散发出的文化气息刺激学生的感官，使他们处处受到感染和熏陶。增添学生学习生活的乐趣，使他们养成文明的行为习惯，培养正确的审美观，增强班级向心力、凝聚力，激发学生爱班的热情，从而使班级成为学生的知识集散地、人格熏陶地、心灵归宿地。

(1) 墙报。位置:室外墙。每个班级成立学习园地策划小组(版面设计、美术编辑等人员,3～4 人为宜),专门负责墙报的设计规划,每月一期,每期都有主题,内容要丰富多彩(国内外新闻、励志教育、小组组报展示等),设计新颖独特,色彩搭配恰到好处。学校或年级将分别从主题、版面、板书、内容、形式等方面进行评比量化。

(2) 班内文化建设内容:班名、班徽、班训、班歌、班级日记、班级相册、值日班长每日赠言、班级生日榜。

(3) 班内四墙。

① 教室前:班训。

教室后:立志或者激励性标语。

四角:班务信息(前左)、学习信息(前右)、佳作展示台(后左)、成才龙虎榜(后右)。

前门上:班名、班徽。

后门上:一句英语欢迎辞。

② 教室四墙上还有学生自己的个性语言:教室标语。

(4) 小组文化(组牌的内容):组名、组训、组歌、组标、组规、组长照片(小组成员集体照)。

(二) 班级隐性文化建设

全力打造家庭式亲情关系,建立和谐、民主、平等的师生关系、生生关系。

1) 班名、班徽、家庭公约(班规)、班歌及组名、组徽、组训

设计流程:以组为单位讨论交流确定本组设计的班名、班徽、班规、班歌—上台展示交流—再修改—再展示—打分排名,确定班名、班徽、班规、班歌—全班通过执行。(组名、组徽、组训设计流程同上)

该流程需要每个家庭成员(组员)参与制定,全员参与可以增强班级责任感与团结力,并能起到相互监督的作用。

2) 师生共同过生日,同唱祝福歌

由团支书(或生活委员)统计好每位同学及任课老师的生日,打印好,用红纸张贴在教室内。过生日的时间:利用自习课或者班会、不跑操的大课间等给本周(或当天)要过生日的同学、老师过集体生日,由团支书组织本次活动。例如,"今天是2018 年×月×日,是我们班某某同学的生日,他是一位……(生日致辞)下面请某某同学发表生日感言";接着这位同学上讲台发言,随后全体同学为这位寿星唱生日赞歌,祝福这位同学;当场与母亲通电话,感谢母亲生育之恩;最后班主任表达祝福;整个过程充满浓浓的家的氛围。

3) 每周(日)最佳评选:增强责任感、使命感和班级凝聚力

每周评选最佳值日班长、最佳每日赠言、感动人物,并由值周班长致辞。

4）班主任是班级建设的责任人

班主任要关心、爱护、尊重学生，视学生为子女、弟妹、朋友，弯下腰与学生交流，建立一种相互信任、相互尊重的师生关系；应当公平公正地面对班级内的所有学生，将自己融入学生中去，积极参加学生的各类活动，以身示教，做学生的榜样。班主任要用高尚的精神鼓舞学生，要用真诚的心灵面对学生，要用宽广的胸怀容纳学生。

5）任课教师要有成为班级文化建设的主人翁的意识

任课教师要用人格魅力影响学生。教师的人格美、行为美、仪表美都会在学生中起到潜移默化的作用，渗入学生的心灵深处，对班级文化建设有着深远的影响。

（三）班级文化评价制度：文明班级（100分）

（1）打造家庭式亲情关系，按程序集体给每一位学生过生日，导师制健全，每一位有成长、学习困惑的学生都能得到帮助。（25分）

（2）小组文化激发斗志，有小组牌、组名、组训、班级口号、班级目标、小组评价栏。（25分）

（3）教室文化引领方向，有班名、班徽、班训、班级口号、班级目标，外墙文化及时更换，张贴规范，内容丰富。（25分）

（4）爱护班级公物，工具摆放整齐，标语、墙报等美观大方。（25分）

总之，班级是学生学习生活的中心，“它是知识的集散地，是人格的熏陶地，是体质的培养地，是心灵的归宿地”。

让所有的学生都徜徉在温馨的班级文化之中就是最好的教育。

2

管理篇

GUAN LI PIAN

概 述

我国普通高中教育已进入改革和发展的关键时期，未来教育必须注重内涵发展。在新高考、新课改的社会大背景下，学校发展应顺应时代趋势，要想在未来激烈的高中市场竞争中由生存到壮大到实现可持续发展，就必须形成新课程理念指导下的学校特色文化，走内涵发展之路。这既符合高校招生考试制度与高校教育教学改革的要求，也是贯彻国家教育方针、满足人的个性发展的必然选择。

内涵发展是指学校内在的教学质量的提高、学生质量的提高、科研成果数量的增加和质量的提高等。具体地说，就是学校立足于创建与时俱进、跨越式发展的校园文化（精神文化、制度文化、行为文化和环境文化），其核心是学校的办学思想、办学目标、学校的教育哲学、教师的工作理念、学校的管理机制及校训、校风、教风和学风建设等。

烟台四中在深入研究教育发展大趋势、外域先进经验和学校发展现状“三本书”的基础上，积极探索内涵发展道路，创新管理模式，形成了四中特色。我们认为，只有改革才能谋求发展，只有创新才能提升品质。四中由弱变强的发展历程也正印证了这一点，概括起来就是一个字“变”，这个“变”是改革，是创新，是抓住时机的“弯道超车”，是顺应时代要求的内涵发展。

烟台四中的总体发展思路可概括为：

思路一：在发展导向上，倡导特色化。多样化、特色化是普通高中发展的大势所趋，告别同质化，走向多元、特色发展，办适合师生成长的学校，做适合学生成才的教师，育契合学生个性发展的人才，是学校发展的内在价值追求。

思路二：在办学理念上，让每个学生享受到适合自己的教育。尊重学生差异，满足学生个性需求，在知识和能力培养之外，注重学生健康、自信心态的建立，以及勇于探索、敢于创造、善于合作、不惧逆境精神品质的塑造。

思路三：在工作策略上，牢牢把握住深化课程改革、大力推行小班化教学、精心挖掘自主招生潜力“三大创新突破点”。对内，积极进行课堂改革，充分发挥“自主、互助、高效”课堂模式的积极作用，推动教学质量大面积提升；对外，通过与北京大学基教中心合作，利用好北京大学的优质资源，在优生培养工作上重点突破。

创新管理模式　打造卓越教师

一、探索教育模式，创新育人途径

用发展的思路解决发展中的问题是烟台四中基本的工作原则。2013 年 10 月 7 日，北京大学在山东省与中学合办的第一个实验校“北京大学优秀创新人才培养实验校”揭牌仪式在烟台四中举行。这是烟台四中办学历史上一个具有里程碑意义的重要事件，标志着烟台四中在办学思想、育人理念方面找到了一条既契合教育规律又富有特色的发展之路，在办学机制、体制上迈入了一个全新的阶段。大家对它的诞生充满了好奇、疑虑等复杂的情感，但烟台四中对它却是信心满满，寄予了无限的希望！

我们与北京大学合作成立实验校主要是基于以下三点：

一是基于社会责任感——“为什么我们的学校总是培养不出杰出人才？”著名科学家钱学森的“世纪之问”提出了一道艰深的命题，需要整个教育界，乃至社会各界共同来破解，烟台四中愿意主动参与其中，做点滴的探索。

二是基于学生的发展——中学阶段是人生的黄金阶段，正是学生的人生观形成、学习习惯养成的关键时期。在此阶段发现和挖掘学生的特长、兴趣和爱好，对于启迪他们的科学意识和创新思维、培养他们的探究精神和实践能力至关重要。

三是基于学校的发展——当前，探索拔尖人才培养的模式，已成为中学不可回避的重要课题。烟台四中适应时代的发展，创新多种人才培养模式，根据国内一流名校对人才的需求，依照高中课程标准，进行个性化学习指导，全面提升学生综合素质。

这个实验校如何运作？分两步走：

第一步：教师的培养——北京大学专家组分批次、分学科指导学校教师制定学科规划，研究课程标准，分析教材教法、自主招生考试相关内容，制订教学计划，指导教师提升备课、撰写教案的水平。专家组深入课堂，听课、评课、教学示范，进行

“一对一”的沟通和指导，优化课堂教学，提升课堂教学的质量。烟台四中教师参加北京大学开设的“教师高级研修班”，提升业务水平和教育科研能力。

第二步：优秀学生的遴选与培养——成为“北京大学优秀创新人才培养实验校”，使烟台四中的教育品牌更具价值，有利于生源的优化。北京大学专家组利用先进的评价量表，对烟台四中的优秀学生进行综合素质测评和学科成绩比较，把真正有创新思维潜质的学生遴选出来，组建“北大之星”实验班。依据高中课程标准，结合高校人才选拔的要求，一对一地实施个性化学习指导。在教学内容、学生生涯规划、学生综合素养培养、学习方式、学生网络拓展课程、自主招生考试指导诸多方面，都有着特别的举措。

这会给学生、学校具体带来什么样的变化？两方面：

一方面：对于学生——有利于实现学生从被动接受到自主探究的学习方式的转变，实现从为了上大学到为了个性、兴趣发展的人生价值观的转变，实现从被动单纯录取高考分数到参与主动多样化的高校自主招生选拔的入学途径的转变，进而导致理想抱负、社会责任感、批判性思维、发展潜能等一系列转变。

另一方面：对于学校——有利于转变陈旧的教育理念。更高的教育视野，多样化的、有效的教育教学活动，能够培养出符合时代发展需求的优秀人才。

二、建设校园文化，营造精神家园

学校文化是学校持续发展的基石，是学校发展的第一动力。在烟台四中发展的关键时期，学校提出了“追求卓越、止于至善”的学校精神。其含义主要有三点：“勇争第一、进位争先”的追求卓越精神，“敢创敢干、敢破敢立”的改革创新精神，“相互支持、携手并进”的团队合作精神。在此基础上，提出了“立足师生幸福、培育师生梦想、彰显文化特色，建设创新型、科研型省级示范性学校”的愿景，从而明确了学校的发展方向，激发了师生的生命激情。主要做法有以下三个方面：

一是以制度促规范提升。充分发挥制度建设的保障激励功能，实行常规管理“四化”建设，即青年教师培养模式系统化、听评课制度规范化、学生个性化指导常态化、德育系列化，通过制度规范，使“追求卓越”转化为师生的自觉行动，营造浓厚的民主平等的校园氛围。

二是以建设促氛围浓厚。通过建设环境文化，来营造育人氛围。在学校环境文化建设中，烟台四中对校园进行全方位整体设计，以“六化”（净化、绿化、美化、秩序化、人文化、教育化）为准则，完善标识系统，充分发挥每一面墙壁、每一处景观的育人作用，使校园处处成为陶冶情操、净化心灵、催人奋进的场所。走进校园，明德楼、致远楼、行知楼、日新楼、乐知楼的楼名，正心大道、励志路、求真路、弘德路、超越路、思源路的路名，墙面上的名人名言、办学理念，协调统一，清新爽朗，庄重美观，渗透着学校的办学理念，彰显着学校的文化特色。学校以丰富的橱窗文化、走廊文化、教室文化、主题楼梯文化营造“追求卓越”的校园文化氛围。重点打造历史长廊文化、餐厅文化、实验室文化、图书馆文化，以现代科学民主精神滋润师生的心灵，提升师生的品位，彰显学校的个性。

三是以规范促习惯养成。千教万教，教人求真。中学阶段是学生养成良好行为习惯的最佳时期，烟台四中先后修订和完善了纪律、卫生、板报、课间操、公寓管理、文明礼仪、校园活动等评比细则，加强过程管理，日汇总、周总结、月评比，定期反馈检查，对班级和学生都实行多元评价，以此促进学生健康成长，提升学生的综合素养。

根据学生年龄特点，学校制定并完善分层次德育目标体系，形成德育系列化。

初一年级侧重养成教育，初二年级侧重感恩教育，初三年级侧重心理健康信心教育，初四年级侧重励志及理想信念教育。

高一年级围绕"迈好高中第一步，扬起希望风帆"的主题，在进行入学教育和军训的基础上开展一系列的爱校教育，增强爱校情感，通过参与校园文化设计，互相交流切磋高中学习方法，使学生尽快适应高中学习生活。高二年级围绕"理想、目标、成才"的主题，通过学习英雄模范人物和著名科学家事迹，使学生树立远大理想和成才目标，通过参加社会实践活动，使学生逐渐了解社会；通过与北京大学合作，聆听北京大学教授系列讲座，培养学生的科学精神和创新意识。高三年级围绕"拼搏、冲刺、创造精彩人生"的主题，树立毕业班意识。进行毕业升学教育和心理健康调节教育，既要求学生们面对高考树立目标，敢于拼搏，又要求他们学会自我调节，适当放松；举行隆重的成人仪式，进行公民教育，培养青年学生的社会责任感。举办毕业会考、高考激励大会，从"迈入高三"到"百日冲刺"，再到"考前指导"，每一次的动员都极具针对性，指导学生调整学习方法和心态，增强学生的信心和动力，帮助学生树立科学的理想目标和必胜的信念。以毕业典礼的形式加强感恩教育，建设毕业林，举办"20年再相聚——我的四中记忆"封存活动等，以期培养卓越的适应社会发展的人才。

校园文化是学校办学特色的主要体现，是学校生存的根基，也是学校可持续发展的动力。烟台四中将始终高举"质量立校，文化强校"的大旗，以文化的力量持续推动学校的发展。

三、促进专业成长，打造卓越教师

教师是学校发展之本，要培养卓越的学生，就必须有卓越的教师。追求卓越是教师体验职业幸福的过程，是对人本质的弘扬和价值的升华。追求卓越的过程是一个不懈奋斗、不懈创新的过程。烟台四中以科学的管理机制推动教师专业发展，打造了一支教育观念现代化、素质业务高精化、践行师德自觉化的卓越教师队伍。

在青年教师培养方面，主要有三项内容：① 政治思想和专业理论。学习党的有关教育路线、方针、政策和教育工作的基本规律。② 教学基本技能。培养书写能力、语言表达能力、备课说课能力、课堂教学能力、现代教育技术能力、教学反思能力、班级管理能力等。③ 教育科研能力。培养课题研究能力、论文撰写能力等。学校大力实施双导师制的“青蓝工程”，通过“同课异构”与“异课同构”来促进以老带新、以新促老、新老并进，促进青年教师的快速成长。各个备课组经验丰富的老教师，开展“同课异构”的教学展示，让青年教师领会其中精髓，从跟随模仿到自主探索，不断总结成功的经验；再由青年教师开展“异课同构”的课堂研磨，反复讲，讲反复，不断改进，达到对教学手段、教学模式、教学方法的熟练应用。学校领导和教研组长组成专家组，采用“课堂观察法”，有针对性地对推门课、汇报课、展示课进行听课、评课，帮助青年教师迅速成长，促其早日成为驾驭课堂的行家里手。学校教研室还定期为青年教师开展主题培训，如书法、板书、教案等，举行演讲比赛，安排见习班主任，让青年教师学习学生管理。他们将自己的所思所感以周记的形式汇报，学校将其编辑成册，命名为《请跟我来》。

在教师专业化成长方面，学校为每位教师建立“成长档案”，引导每位教师确定发展路径和成长目标，为每位教师的发展提供合适的土壤，为全体教师的发展搭建广阔的平台，让教师真正感受专业成长的幸福；学校重视校本研训，开展全员读书活动，建立教师培训机制，组织教师外地外校学习先进经验汇报会，举办教育教学推交会，教师们畅谈所学、所思，共同交流经验、分享感悟，在参与和体验中共同成长。教师通过以下三个环节，促进其专业化发展。

一是转变观念。通过集中培训、专家讲座、专题研究、名师指导、教育考察、现场观摩等有效途径，转变传统教学观念。学校还邀请上海教育专家徐建平、全国基础教育名师郑子岳、全国奥数总教练周沛耕等人来校指导，有力推动教师的角色和行为转型。

二是落实行动。鼓励教师自主开发“导学案”“预习案”“探究记录”等教学辅助工具，鼓励教师根据学科和学生特点，探索教学变式，鼓励教师个人开展课堂微环节研究，纵深推进课堂教学改革。

三是反思提升。建立以理论学习、案例分析、经验交流、教学研讨、教师论坛等为基本形式的教学反思制度，并通过教学观摩、优质公开课、微格教学反思等活动，为教师参与教学反思创设平台、创造条件。

烟台四中现有教师 254 人，其中具有硕士学位者 38 人，具有高级职称者 55 人，平均年龄 36 岁。学校教师队伍稳定，敬业精神强，工作踏实肯干。有 3 位教师在国家优质课评比中获奖，11 位教师在省级优质课比赛中获奖，获省、市、区优质课的教师达到 100 余人。

卓越的教师队伍，为学校的可持续发展提供了坚实的保障。

四、构建高效课堂，铸就卓越品质

课堂是教育教学的主阵地。烟台四中积极探究课堂教学模式，将“课堂”转化为“学堂”，给学生更大的展示舞台，引领他们，充分调动其学习兴趣，发挥其自主学习的主动性，提升其学习成就感。“高效课堂”的立体推进，铸就了学校教育教学的卓越品质。

（一）大力推行活力新课堂改革

课堂教学是追求卓越质量的主渠道。烟台四中在“和谐高效课堂”教学思路的指导下，借鉴“学习金字塔”理论，在学习多所教改名校经验的基础上，结合自身实际，提出了基于高效课堂建设背景下的“个性化学习教学范式”的课堂改革，坚持以教师和学生的发展为根本，以改革课堂教学模式、打造高效课堂为核心，围绕学生不同的学习方式来塑造课堂教学，形成了“三重四种”的课堂模式，即以“重自主、重互动、重效益”为特色的“三重”课堂教学模式，积极研讨启发式接受学习、引领式自主学习、研讨式合作学习以及展示式体验学习的“四种”课堂学习模式。通过科学合理的“教”，实现高效、个性化的“学”，最大限度地激发每一个学生的潜能，使学生真正成为课堂的主人。

通过逐步探索，我们在课堂教学、学生管理、评价监测等方面，建立了较为系统、科学的教学及管理模式。

烟台四中的课堂具有以下三个基本特征：

一是学生的主体地位得到进一步强化。推行导师制，教师由讲授者变为学生学习的指导者、服务者。教师讲解遵循“三讲三不讲”原则：讲易混、易错、易漏点，讲学生想不到、想不深、想不透的，讲学生解决不了的；学生已会的不讲，学生自己或合作能学会的不讲，讲了学生也不会的不讲。以往是教师的“教”唱主角，现在是学生的“学”唱主角；以往是单向的“师讲生听”，现在是师生、生生之间的“多向互动”。在课堂流程设计上“不唯模式唯高效”，通过“导课示标—自学互助—展示点评—质疑提升—练习巩固—总结检测”六步具体操作，实现“课堂活起来、师生动起来、教学实起来、质量高起来、能力强起来”五大目标，从而真正提升教学效益。

二是学生的个体差异得到进一步重视。建立以“小组探究”为主的课堂学习模式，按照学生水平不同分层设置学习目标，通过学生互助模式，以优促优，更好地兼顾学生个体间的差异。在作业设计上我们遵循“三布置三不布置”的原则：布置发展学生思维的，发现规律方法的，拓宽视野、提升能力、引导探究的作业，不布置重复性、惩罚性、超负荷的作业，让不同层次的学生都能得到巩固和提升。

三是学生之间的团队意识进一步增强。推行班级管理与小组管理相结合的管理模式，建立小组之间、组员之间的合作竞争机制，使小组成员在课堂上互帮互助，在日常管理上互相监督，从而大面积提高班级管理的效能，提升学习质量，形成良好的班风、学风。

自主、开放、充满活力的高效课堂，让烟台四中充满了勃勃生机。

（二）积极打造信息技术背景下的未来新课堂

学校成立数理教科研中心，组织骨干教师赴北京学习，把大数据资源引入课堂教学，构建学科知识结构模型，直观动态地演示抽象概念。学生可以用简单的绘图工具编辑各种实验场景，比如，通过设置齿轮、弹簧、铰链等元素，轻松掌握摩擦力、弹力等各种力的作用方式。学生还可以上传自己的作品，分享实验内容。这种未来课堂模式，打破了时间和空间的界限，突破了传统书本教材的束缚，激发了学生的求知欲望，使知识的传授更加符合学生的认知规律。主要目的有三：一是原本只能抽象讲解的，变成具体的展示；二是原本只能静态展示动态的，变成动态展示动态；三是原本只能平面展示立体的，变成立体展示立体。

（三）探索小班化教学机制，打造具有新特色的管理模式

美国教育专家格拉斯提出了班级教学著名的“格拉斯曲线图”，即班级规模与学生学业成绩和感情收益之间成反比。

为此，从 2014 年起，我们把推进高中教育走向小班化作为一项重要工作进行研究和实践。四年来，我们在每个级部都成立了“北大之星创新实验班”，班额 36 人，从 2014 年的 2 个班扩大到后来的 4 个班，目前共建立了 12 个小班。我们努力做到关注每一个学生，为他们量身定做教育方案，有效实施个性化学习指导，成果较为明显。

每个学期，我们都会围绕“小班化”教学的目标理念与原则方法，按照“揣摩、探索、评价、试讲”的方式，研究小班化有效课堂的授课路子。发挥骨干教师的引领作用，定期组织试点班级开设公开课、示范课；强化科研意识，把实施“小班化”过程中遇到的问题转化为课题，集体研讨、撰写文章、交流分享，在扎实严密的工作中，提升小班教师教学的理论和实践水平；重视过程积累，定期对“小班化”教育课题资料进行收集、分析、总结。另外，我校还在小班进行海量阅读活动，开展了多次读书报告会，让每一个学生都有机会展示自己的体会和思考，培养学生的阅读习惯、表达能力和思维能力，并为学生出版了读书报告集《星光熠熠》《文美》等。

在今年的高考中，高三两个小班高考成绩优异，本科上线率 100％，自招控制线上线率 97.2％。他们中的很多人都进入了“双一流”高校学习，是我们小班教学的成功案例。

（四）点面结合，探索优尖生培养模式

在烟台四中，教师就是“牧马人”，抓好“头马”很重要，优尖生全面好，普通生会赶超，以点带面实现全面发展。

对于优尖生培养，学校确定了“培优三字”方针，即“难”“严”“大”。“难”是指在知识传授和能力培养方面，要高于课程标准的要求；“严”是指要对尖子生的思想、

学习、生活、心态进行全程关注与严格要求，切实做到精益求精、精雕细刻；“大”是指从实战需要出发，进行有难度、多角度、有思维含量的大量训练。

学校成立了烟台四中基础学科拔尖学生培养办公室，针对全国卷新高考、高校自主招生、学科竞赛进行研究。聘请北京大学副教务长吴宝科、北京大学数学系书记刘化荣、北京大学物理系副书记陈晓林、山东省物理协会秘书长张承琚等专家教授入校，与优生面谈，指导竞赛、自主招生等，让师生紧跟大师成长。我们积极到全国名校联系沟通，争取他们的支持和帮助。2016 年，我校成为中国药科大学优秀生源基地；2017 年，我校成为南京农业大学优秀生源基地。2017 年 4 月，我们邀请复旦大学、南京大学、东南大学、河海大学、同济大学、苏州大学等 10 余所名校到我校指导优生培养和自主招生工作；2017 年 12 月，邀请江南大学、山东大学、云南大学、南开大学等 10 余所高校到校进行建立优秀生源基地的探讨和自主招生工作的对接。

（五）追求多元发展，培育卓越人才

学校发展，核心在“人”。烟台四中努力做到让所有学生都充满自信，都得到充分的发展，实现自己的人生梦想。为此，我们着力做好四方面工作：

一是坚持学生评价“全方位”。改变传统的仅以成绩评价学生的片面做法，积极探索全方位开发学生智能的有效方法，为不同个性的学生制定适合自己的发展目标。

二是实行分层辅导“无遗漏”。致力于学生多元发展途径的研究和实践，建立和完善学生辅导帮扶制度，实行分特长集中辅导、偏科生弱科帮扶、学困生承包辅导制度，让各类潜质学生都能得到适合自己的教育。

三是推进个性化指导“一对一”。改进和完善个性化指导的导师模式，对学生进行有针对性的思想指导、心理疏导、习惯引导和学业辅导。在生源一般的情况下，学校培养出了一大批优秀毕业生，他们考入全国知名高校。2010 级毕业生于浩、2012 级毕业生苏焕清和 2013 级毕业生王新刚，分别以全区第 2 780 名、3 117 名和 3 571 名的中考成绩入学，经过三年高中学习后考入一本，实现了低进优出。

四是抓自主招生和综合评价指导，进一步拓宽升学渠道。当前，普通高中改革有两个基本趋势：一是基础教育与高等教育的衔接将发生重大变化。高中学校与高等学校的衔接将由分数衔接转到多元对接（分数、兴趣、特长）。二是选课走班、分层教学将成为新常态。这对学校的教学组织、学生学习状态乃至校园文化都提出了新的要求。

《国家中长期教育改革和发展规划纲要（2010—2020 年）》《山东省深化考试招生制度改革实施方案》都提出“要扩大高校办学自主权”。2016 年山东省内 9 所重点高校试点综合评价招生，高考成绩在其中占比不低于 50%，自主招生比例达到 20%；今年山东省 42 所职业高校实行自主招生，自主招生比例达到 30%。总之，各级各类高校办学自主权越大，自主招生越多，学生靠裸分考名校的机会就越少。我们对近年来山东省的自主招生情况进行了分析：以北京大学和清华大学为例，在不到150人的录取名额里，只有三分之一左右的学生凭借裸分被录取，其余全部来自自主招生、保送生（国家集训队）、农村专项等。在山东省13所自主招生强校中，今年获得自主招生加分的人数达到1 300名，其中某市一所中学就多达200人。这一所学校获得的自主招生加分人数，甚至比一个市获得的加分人数还要多。这些学校能把自主招生做得如此风生水起，不是单单凭借生源优势，更主要的是把握政策、开拓渠道、选好方法。

通过对各高校自主招生的研究，提得最多的就是创新潜质和学科特长。为此，我们提出了烟台四中自主招生的总体思路和做法：发现特长，量身打造，个性化指导。"三抓"：一抓竞赛，二抓特长培养，三抓高校对接。

抓竞赛：学校成立了基础学科拔尖学生培养办公室，专门针对全国卷新高考、全国重点高校自主招生、竞赛＋自主招生考试进行研究。针对高中学校与高等学校衔接由分数衔接到多元对接的发展趋势，聘请了北京大学副教务长吴宝科、北京大学数学系书记刘化荣、北京大学物理系副书记陈晓林等专家教授入校指导竞赛、自主招生工作。目前我校有80多人次在物理、数学、生物、化学奥赛中获奖，其中有30多个全国奖项，并获得"全国物理奥赛金牌学校"称号（烟台市仅有2所学校获得）。

抓特长培养：根据不同年级特点合理规划自主招生辅导内容。学生根据自己的实际情况，分年级完成学科特长竞赛、科创、专利奖项以及发表省级期刊、发表论文等自主招生报考准备。2016年，肖正康进入北京大学物理系"金秋营"，勇思骏进入清华大学夏天数学营；2017年，李源科进入北京大学史学营，并获得"优秀营员"称号。2015年，烟台四中正式成为"全国中小学生创新作文大赛基地校"，享有校长实名推荐晋级北京大学总决赛资格。在北京大学举行的总决赛中，我校获得全国一等奖4人、全国二等奖19人、全国三等奖17人，被大赛组委会评为"全国十佳示范学校"。另有33人在"圣陶杯""语文报杯"全国作文大赛中获全国一等奖，50多人获二等奖。2016年4月，烟台四中成为应用物理竞赛山东赛区烟台唯一考点，截至目前，取得了18人夺得全国一等奖、25人获全国二等奖、45人获全国三等奖的全省最好成绩。在全国创新英语大赛中，25人获全国奖项，其中8人获全国一等奖，45人获华北赛区奖项。成立了创新社团，帮助学生获得全国专利证书，我校现有张欣硕等37人次获得实用新型国家专利证书。2017年，在烟台市第九届中小学生田径运动会上，我校获得男子组总分第一名、女子组第三名的好成绩；烟台市排球联赛中，我校获得高中女子组第一名，在山东省大中小学生排球联赛中，我校获得高中女子组第五名的好成绩。在2017年烟台市"市长杯"足球联赛中，获全市女子组冠军。张翔宇同学在2016年全国中学生桥牌锦标赛中荣获个人一等奖，2017年10月在海南国际桥牌节荣获第四名，2018年1月参加雅加达亚运会选拔赛。

抓高校对接：每年高考之后，所有具备自主招生资格的学生要奔赴各个大学自主招生考场。这时候本该轻松的高三办公区却是最忙的。学校教师和聘请的自主招生专家，针对各个高校的招生特点，对学生进行分学校、分学科的个别指导，最忙的一天要动用12个专家和教师。在2017年的自主招生工作中，有56名学生通过93所高校自主招生初审，最终14名学生获得加分与优惠，还有8名学生入围山东高校的综合评价招生。其中，肖正康同学获得北京大学博雅计划30分加分，最终以高考696分的成绩被北京大学录取。

高考结束后，我校收到北京大学闫保桦教授的贺信，他在信中说："欣闻烟台四中在2017年高考中实现了历史性飞跃，'北大之星'创新实验班结出硕果，这些成绩的取得绝非偶然。以肖正康同学为例，我见证了肖正康高二、高三每一次重要考试成绩的变化以及学校对其成绩波动的分析，见证了他申请、参加北京大学博雅人才培养计划的整个流程……可以说，肖正康等四中优秀学子在通向高校自主招生之路上享受的资源和学校的重视，是在其他学校很难看到的……'北大之星'班只是烟台四中教书育人理念的一个缩影，这些成就的取得，与四中人锐意进取、追求卓越的气质，科学计划、积极应对的态度密切相关。"可以看到，烟台四中的教育，不仅是书本知识的灌输，也是社会责任和家国情怀的培养，这种追求，绝不仅仅是几张考卷能够完全呈现的，它让四中的学子获得了更加全面的培养，也因此在自主招生的舞台上大放异彩。

2018年高考，我校自主招生控制线和普本上线再创历史新高！第二届"北大之星"创新实验班继续实践探索，深化高中学校"自主、互助"高效课堂教学改革，"北大之星"班本科上线率100%，600分以上高分段实现了翻倍增长，理科最高分孙圣栋653分，文科最高分杨海华624分，"北大之星"班优尖生整体综合培养呈现出高端规模效应。

2015年中考，全区前1 500名我校有59人。2018年高考，我校达到自主招生控制线(一本指导线)的有133人，其中理科91人，文科42人。本科上线331人，其中理科228人，文科103人。军籍飞行员1人，民航飞行员1人。艺术专业文化双过线142人，其中文科85人，理科57人。普体专业文化双过线11人，体育单招17人。春季高考42人。合计各类本科上线543人，2018年我校参加高考人数为672人，全校本科上线率达到81%。

契合时代要求　推动教育发展

烟台四中一直把“追求卓越”作为学校的奋斗目标，把“改革创新”作为学校的动力源泉。在广大教师的共同努力下，高效课堂教学改革的探索和实践已初见成效，新的教学理念逐步转化为教师自主、有效的教学行为，自主、互助的高效学习模式正在成为学生汲取知识、培养能力的方法。

“让每一名学生走向成功”是全体四中人的教育理想。可是在时代变革的背景下，如果死守传统的教育教学模式，只会让我们的教育理想成为空想。学校教育质量的提高、办学特色的发展和教育理想的实现，都需要我们未雨绸缪，提前布局。因此，一年来学校对教研团队和教育资源进行了重新整合。

一、打造特色教研团队，激发教师成长活力

教研组建设关系到教育理念的落实、新课程改革的实施、教师队伍的专业发展。今年，我们重点开展了以下三方面工作：

一是以“未来课堂”为突破口，成立特色教研中心。在信息化的背景下，课堂也在悄无声息地发生着变化。教室不再局限于几十平方米的房子，教材也不只是书本的形式。大数据能够帮助教师分析学生学习、思考的过程，将学生们的思维呈现出来，真正做到“因材施教”。学校成立数理教科研中心。暑假期间，组织数学、物理骨干教师赴北京与专家集体备课20天，把大数据资源引入课堂教学，建构学科知识结构模型，直观动态地演示抽象的概念。学生可以用简单的绘图工具编辑各种实验场景。比如，通过设置齿轮、弹簧、铰链等元素，轻松掌握摩擦力、弹力等各种力的作用方式。不仅如此，学生还可上传自己的实验作品，分享实验内容。这种课堂模式，激发了学生的求知欲望，使知识的传授更加符合学生的认知规律。本学期数理教研中心在全校范围内开设未来课堂观摩课6节，其中张宪国老师的数学课在全市高中数学一轮研讨会上受到市区教研室的好评。

二是以教学工作例会为抓手，凸显教学核心地位。学校实行教学工作“三级”例会制度，即教研组长（学校）活动例会—教研组（学科组）活动例会—备课组（教学

小组)活动例会。通过学校、教研组、备课组三个层面,按各自工作职责范围,从教学秩序、教学研究活动、教学质量以及学情、教情等方面进行交流,提出建设性意见,不断改进教学工作。今年,为进一步突出教学工作在学校工作中的核心地位,校级领导、中层干部也参加到学校教研组长例会当中。为保证会议的务实、高效,与会同志在会前都做好充分准备,每次会议都有鲜明的主题,并拟定核心发言人,切实解决学科教学中的问题。

三是以教研组评价为依据,学校修订完善《烟台四中教研组评价方案》,突出"校本课程""课题研究""教改资源整合积累"在教研组评价中的重要性。该方案除了作为学校对教研组工作的检查、考核、评价的重要依据外,对激励优秀教师、骨干教师在教学、科研中发挥主动性与能动性,促进青年教师专业发展等方面发挥了巨大作用。在全校范围内逐步建立起合作性、反思性教风,营造出和谐、合作、研究的学习研究工作氛围。

二、优化整合教育资源,打造精致"小班化"教育

国务院《关于深化考试招生制度改革的实施意见》的出台,必然会对当前高中教育教学工作产生影响。选课走班、分层教学成为新常态,学校的教学组织、学生学习状态乃至校园文化都发生了深刻变化。凡事预则立,不预则废,对于未来的教育我们应有预判和预案。我校具体做法是:

一是利用学科竞赛为学生综合素质提升提供空间。学校充分利用现有资源,加强指导教师团队建设,选拔能力强、业务精、有责任心的教师作为辅导教练到北京、上海等地学习,促进学校学科竞赛整体质量的提升;加大投入力度,聘请周沛耕、王玉水、常毓喜等全国知名奥赛辅导教练,定期到我校指导授课。目前我校学科竞赛在学生的选拔、学习时间安排、学习辅导内容等方面积累了一定经验,也取得了不错的效果:在全国物理奥赛中,1 人获国家二等奖,9 人获国家三等奖;在全国化学奥赛中,3 人获国家三等奖,8 人获省一等奖,所有参赛学生都有奖项斩获;在全国生物奥赛中,1 人获国家三等奖,4 人获省二等奖;3 名学生在第十四届全国创新英语大赛中获得全国一等奖,并获得联办高校自主招生测试或高考加分资格。2015 年烟台四中正式成为"全国中小学生创新作文大赛基地校",享有校长实名推荐晋级北京大学总决赛资格。

二是通过"小班化"教育为学生个性化发展搭建平台。社会对创新型人才培养的需要,必将促使我们的基础教育向"小班化"过渡。从 2014 年起,我们在 6 个班级开展"小班化"试点工作。学校围绕"小班化"教学的目标理念与原则方法、"小班化"课堂的教学模式与实施步骤、"小班化"教育的资源配置与保障措施等方面做了大量工作,取得了一定的效果。本学期我们又按照揣摩、探索、评价、试讲的方法,探索"小班化"有效课堂的授课路子。教务处组织试点班级的教师上示范公开课,

并要求全体教师积极参与备课、上课、评课；教研室把学校、教师在实施“小班化”教育中的真实问题转化为课题，引导教师在教学实践中解决问题；学校组织专门力量完成“小班化”教育课题资料收集、分析、总结工作。例如，我校利用“小班化”优势开展的读书会活动，在学生批判性思维发展领域取得了很好的效果，近期我们将为学生出版他们自己的读书报告集《星光熠熠》。

新形势、新技术、新改革赋予我们更多的新使命。正如狄更斯所说：“这是最好的时代，这是最坏的时代；人们面前应有尽有，人们面前一无所有。”好坏、有无的关键是我们能否抓住机遇。今后我们将契合时代发展要求，争取让更多的学生享受到创新培养的成果，主动赢得更加出彩的人生。

立足课堂教学改革　促进学生全面发展

烟台四中秉承"追求卓越，止于至善"的办学理念，坚持"以质量树品牌，以改革促发展，以创新写未来"的办学思路，根据教体局创建特色学校的指示精神，把课堂教学改革作为提高教育教学质量和学校创新发展、特色发展的突破口，引进多所教改名校的成功经验，结合我们在"轻负高质"教育实践中的思考和体会，实行了"个性化学习"高效课堂教学改革。

个性化学习高效课堂是围绕学生不同的学习方式来塑造教学，通过科学合理的"教"，实现高效、个性化的"学"，最大限度地激发每一个学生的潜能。基本模式是"三制四段五步"。三制：导师制，教师变讲师为导师；班组制，变班级管理为班级和单元组管理；学分制，变学生考试成绩的单一评价为与平日上课过程中的学分评价相结合。四段：课前预习、上课展示、教师点拨、及时巩固。五步："温故知新，复习检测""激情导入，目标解读""小组合作，交流展示""教师点拨，拓展训练""巩固检测，布置作业"。

教学改革的推进是一项系统工程，充满着艰辛。为确保改革取得实效，学校做了大量深入细致的工作：一是广泛动员，统一认识。一方面，多次召开全体教师会，把全校教师的思想统一到教学改革上来；另一方面，多次召开家长会，印发家长信，做好学生和家长的宣传动员工作，争取家长和社会的支持。二是教改通识培训。由教改领导小组对教师进行教改理念、教学流程、导学案编制、小组建设、班级文化建设等全方位培训。三是加强听课指导。教改领导小组深入课堂，对全体教师逐一听课，及时进行指导和纠正，共听课 200 多节。四是开设教改研讨课和示范课。组织优秀教师在全校范围内开设研讨课和示范课，推广优秀教师、优秀经验，共开设 150 多节。

我们本着"专家引领，伙伴互助，自主发展"的原则，专门从外地教改名校请来 7 名指导教师，为我们上示范课，帮助解决存在的问题，并与莱州土山中学、莱山永明中学、龙口南山双语学校结成伙伴学校，互相送课、评课、教研。聘请省师训办公室主任于维涛、市教科院专家担任专家顾问，定期到校指导。学校坚持"不唯模式唯高效”的原则，采取以赛促改，举行了一系列比赛：在教师中开展了教学能手比赛课、课堂风采课、评议课、同课异构课、异课同构课等；在学生中开展了展示点评比赛、小组特色辩论、演讲比赛等，培养学生合作交流、语言表达等多方面能力；举行了班级文化建设比赛，促使班级形成具有自己特色的文化，成为知识集散地、人格熏陶地、心灵归宿地。学校为了激发师生投身教改的积极性，制定了较为系统的监测评价机制。一方面，在学生层面建立“互助＋竞争”的小组捆绑式评价，重点从课前准备、课堂参与度、作业完成、活动开展、遵规守纪、卫生状况等方面进行评价。班主任工作也从“超级保姆式”的全方位包办转向有限、有效的指导。班主任把“自我教育权”放给学生，把班主任的“为”变成学生的“为”，充分发挥学生的主观能动性，培养学生“自主管理”能力，实现了“给学生一个自信的舞台，学生还给你一片惊喜天空”的愿望。另一方面，在教师层面建立“个体＋团队”的评价机制，将教师个人的业绩与所在备课组的整体业绩捆绑考核，并将教改评价纳入考核，占教绩考核的50％。

在对全校学生的一项问卷调查中，82.5％的学生认为课堂上的参与度大大提高，83.3％的学生认为教改后课堂效率提高了，89.3％的学生认为课前预习、课堂学习、课下复习的学习积极性有所提升，85.8％的学生认为在班级活动和日常生活中同学们的人际交往能力有所提升，88.9％的学生认为通过教改的锻炼，自己在学习和生活中比以前更加自信。教学目标真正地从“一维”转为“三维”。学生不但学会了学习，还变得更加自信和快乐。事实证明，学校“个性化学习”高效课堂教学改革契合了广大教师和学生变革传统教学方式、打造新课堂的心理诉求，最大限度地满足了学生个性发展的需求，有效提升了教师的职业幸福指数，基本达到了“三个实现”：实现学生自主合作、探究的学习方式的变革，实现以导师制为核心、教师为主导的教学方式的变革，实现教书和育人、成绩和能力提升、学生个性和全面发展真正融合的教育变革。

教改也为学校发展带来了新的生机和活力。《华夏教师》刊登了学校的教改经验，《烟台晚报》以整版的篇幅报道了学校的教改。教育部基础教育司原司长、国家副总督学王文湛教授到校指导，并为教师进行了3个小时转变教育理念的讲座；国家基础教育实验中心课题秘书长李亚平教授对学校的教改给予了充分肯定，并题词“突破、坚持、希望”。我校成为2018年全市唯一一家全国“十二五”规划重点课题“个性化学习开发与提高教学效率研究”实验学校。

我们的课堂教学改革还停留在实践阶段，还存在着不少困难。今后，我们还将努力建构“个性化学习”的高效课堂，走出一条属于自己的可持续发展之路。

3

课程篇

KE CHENG PIAN

概 述

当今世界，经济全球化、世界多极化深入发展，作为第二大经济体的中国正处于社会转型时期，人们的价值观念、行为方式也随着经济的快速增长、社会的急剧变迁发生着明显的变化，教育教学正经历着重大的转型，人们不再一味地追求学生的考试成绩，而是希望学生在获得知识的同时拥有良好的人格、健康的体魄、健全的身心。此外，社会也更加需要复合型人才，单一的国家课程已经不能满足人们的需要。新课改的重点之一，就是调整和改革课程体系，试行国家课程、地方课程和学校课程，实行国家、地方和学校三级课程管理，把课程的一部分权力下放给学校和教师。在此大背景下，校本课程建设如雨后春笋，开展得如火如荼。我校顺应教育改革的时代潮流，多年以来就是校本课程坚定的拥护者和实施者。

一、充分认识校本课程在课程建设中的作用

现行的国家课程是国家规定的课程，它集中体现一个国家的意志，是专门为培养未来的公民而设计，并依据未来公民接受教育之后所要达到的共同素质而开发的课程（占80%左右）。它的价值在于：培养学生达到共同的素质。我们可以这样理解：国家课程即共性化课程，校本课程即个性化课程。共性化课程体现了国家意志，必须选择，其实现方式是楼梯式的路径，是科学预设和程式化的；个性化课程就是给学生自主的机会，选择最适合的课程，其实现方式是登山式的路径，是允许选择的，是曲径通幽的。国家课程校本化后，更加适合本校的教师和学生，解决学校的高度同质化问题。

校本课程开发是在学校现场发生并展开的，以国家及地方制定的《课程标准》及有关实施指导意见的基本精神为指导，根据学校自身的特点、条件以及可利用和开发的资源，由学校成员自愿、自主、独立或与校外团体或个人合作开展的，旨在满足本校所有学生学习需求的一切形式的课程开发活动。我们的课程表中应该有这样一类课程，让学生有自己的想法，并有把自己的想法变成现实的机会，这类课程就是校本课程。

那么校本课程在课程建设中有哪些作用呢?

（一）有利于促进学生个性发展

教育作为培养人的活动,就是要使每个人的个性得到充分而自由健康的发展,从而使每个人都具有高度的自主性、独立性和创造性。校本课程关注每一个学生的不同需求,给学生一个自由发展的空间。具体体现在课程的设置及课程内容的选择和设计上的多样性、课程内容的可选择性和丰富性。

1.以学生为本

国家课程强调人才规格的整齐划一,强调学科知识,忽略了学生作为一个活生生的人的真实体验。校本课程的开发注重学生的生活体验和学习经验,课程实施中强调学生发展的主体性、主动性。每一个学生都可以对自己要学的内容做系统安排,根据自己的发展需要形成具有独特性的个别化课程。教师作为课程的组织者与指导者,要研究学生的需要和发展的可能性,注重个别指导,尽可能满足学生不同的需要,从学生经验出发,提供差异性课程,做到因材施教。

2.尊重学生的自主选择

个性的发展需要一定的自由空间和多样选择。学生作为校本课程开发的主体之一,有课程决策的权利。校本课程开发是以学生需要为出发点,是为了学生的发展而存在的。学生实际需要什么,成人不一定清楚。课程开发是一个动态的、不断完善的过程。课程内容和结构都在师生互动中完成。尊重学生的兴趣与经验,让学生根据自己的需要进行选择,为学生的个性发展留下一个空间。

3.差异性教育

国家课程强调人才规格的整齐划一,忽略了学生之间的个体差异。校本课程开发为学生提供了自我个性张扬的现实条件。

（二）有利于推进教育民主化进程

单一的国家课程体制,教师和学校都习惯于听从外部的指令,缺乏主动决策的机会和能力,极大地损伤了学校和教师的积极性,扼杀了广大教育工作者的创造性。校本课程开发通过组织的重新建立和权力的重新分配,使各个层次的参与者分享权力,承担责任。让从事教育事业的基层工作者有机会参与决策,分担责任,极大地调动了他们的积极性,激发了他们的创造性,从而推进了教育民主化的进程。

（三）有利于教育的交流与合作

校本课程开发需要与外部环境合作,得到大学研究者的帮助,有助于促进中学与大学的联系与合作。校本课程开发需要借助于他校的经验,促进学校之间的交流与合作。校本课程开发也需要与社区密切交流与合作。这样,校本课程的开发就将学校与高校、其他兄弟学校、社区及其他社会单元联系起来，促进共同交流与发展。

（四）有利于教师的专业发展

教师专业发展的一个重要条件就是享有专业的自主权。校本课程开发给教师松绑，让教师自主决策，这无疑为教师的专业发展提供了广阔的空间。另外，校本课程开发是一个由各方面人士参加的合作和探究的过程，在这样的过程中，教师能够在课程专家及其他相关人员的指导和帮助下，反思他们自己在教学中所遇到的问题，并找到问题的答案。这样的探究和合作显得十分有利于培养教师的专业精神，提升教师的专业技能。国内外的许多校本课程开发实践表明，校本课程开发的最大受益者是教师。

国家课程开发模式下，教师处于权力结构的最底层，教师按照规定的时间和进度完成规定的教学内容。这无疑扼杀了教师的创造潜能。校本课程的开发赋予了教师课程决策权，教师就是课程的编制者、实施者、评价者，完善了教师的知识结构，提高了教师的参与意识和能力，增强了教师的研究意识和能力。

二、我校课程开发实践

从2013年开始，经过近五年的不断努力和尝试，烟台四中已经建立了相对完善的立体化校本课程开发体系。

（一）课程开发的维度

校本课程开发的内容是校本课程开发的关键，它直接体现着校本课程开发的理念和目的。依据各所学校不同的教育哲学与资源条件，校本课程开发的内容表现出多样性和差异性。同时，由于校本课程开发是一个动态过程，它的内容相应地表现出开放性和拓展性。我校从实际出发，以必修—选修、活动—学科、综合—分科三个维度来建构课程体系。必修—选修维度，反映学生选择课程的自由程度；活动—学科维度，反映的是课程的价值取向；综合—分科维度，反映的是课程内容的横向结构。

（二）课程的整体架构

自山东实行新课改以来，经过不断地研究和探索，我校初步建构了以“丰富性、选择性和层次性”为主要特征的立体化的校本课程体系，如下图所示。

1.校本必修课程——基础性课程

校本必修课程是我校根据学生的特点，按照学校的教育哲学思想，基于学校的现有资源，为促进每一位学生充分的、个性化的发展而设立的。它是对国家规定的必修、必选（选修Ⅰ）课程的校本化改造，是创造性地实现国家的培养目标、进一步

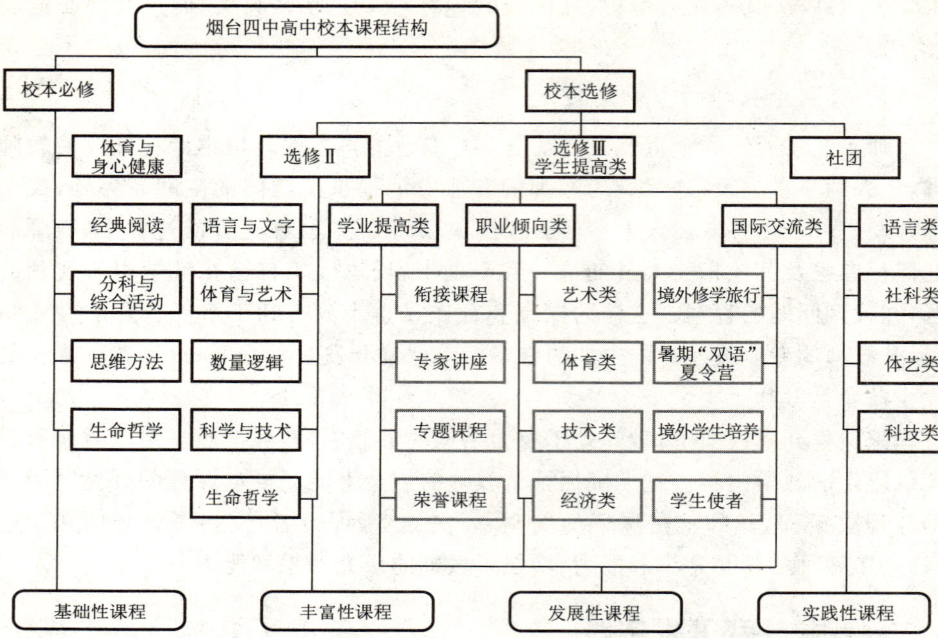

提高办学质量、凸显办学特色的重要举措。这一课程传授给学生可再生长的基本知识和可再发展的基本技能，我校将其定位为基础性课程。如我校的“语文整体阅读”“思维方法”课程等。同时，学校还设计了大量的活动课程，包括高一的中国诗词大会、语文课本剧表演大赛、历史剧创作表演大赛，高二的“红色经典”影视配音、名著阅读知识竞赛、中学生校园辩论赛、原创诗歌朗诵会等。其他如综合实践课程，包括高一至高三的春秋游课程，高一的生涯规划课程和军训课程，高二的社会实践、31千米步行者活动课程等。不仅如此，学校每年都要举办科技文化节、外语节、体育节等大型特色活动。

2. 校本选修Ⅱ课程——丰富性课程

我校开发与设置的选修Ⅱ课程，属于丰富性课程，是指旨在丰富学生生活、促进学生全面发展、提高学生综合素质和生活质量的课程，是为适应不同潜质的学生在兴趣、智能等方面的差异而设计开发的课程。它强调必修、必选课程所学知识的综合与应用。选修Ⅱ课程的特点是丰富性和选择性。我校选修Ⅱ课程有语言文学类、体育艺术类、数理逻辑类、科学与技术类和人文综合类共五个系列供学生选择。

3. 校本选修Ⅲ课程——发展性课程

选修Ⅲ课程指拓展学生能力、激发学生创造力的课程，属于发展性课程。它在基础性课程和丰富性课程的基础上提高了要求，增加了难度，以培养研究性、创造性人才为目的，相对于丰富性课程的多样性和趣味性，它更重视学科的前沿性、学术性和学习的探究性，是我校针对不同层次学生所进行的个别化教育，对不同层次、不同需求的学生给予不同的指导。选修Ⅲ课程有学业拓展类课程，包括荣誉课程、专题课题、专家讲座和衔接课程；职业倾向类课程，主要是指为对通用技术、体育艺术等方面感兴趣的学生开设的、跟大学某些专业相关的培训课程；国际交流类课程，包括国外大学预科课程、境外修学旅行、暑期“双语”夏令营、境外学生培养等。

4. 社团课程——实践性课程

学生社团组织是课堂教学的延伸，是学生素质教育的一个载体，也是学生理论和实践相结合的一个切入点。我校有 20 多个学生社团，如“星光法学社”“辩社团”等，为学生综合素质的提高提供了机会和舞台。

三、校本课程建设的初步成效

从 2013 年 10 月至今，为确保学生能力的提高、教师专业的成长、学校特色的建构，我校在承载着基础性课程艰巨的教学任务和巨大的高考压力的同时，认真做好前期分析，查阅资料，联系生活实践基地，尝试实验，设计修改方案，为建设富有特色的校本课程建设做出了巨大努力。

目前，我校已开发出相对丰富的校本课程资源，如“生活中的经济学”“生活中的英语”“物理创新兴趣小组”“家乡的历史与社会”“现代信息技术”“常用字书法”“楹联欣赏与创作”等校本课程和《红楼梦》导读工作计划及具体实施方案，形成了一批富有特色的课程专题，如“生活中的数学”“生活中的科学兴趣小实验”“日常英语交际对话”“旅游英语”“乡土地理考察”“摄影与欣赏”“Flash 多媒体制作”等。

几年下来，校本课程建设取得了令人欣喜的成就。

楹联社硕果累累。2012 年末，我校被市楹联家协会评为“2012 年度弘扬楹联艺术先进集体”。2014 年 5 月，我校被授予“中国楹联教育基地”称号。学生作品多次发表，学生联作多次在市楹联家协会会刊《楹联艺术》和《烟台广播电视报》上刊登。《楹联艺术》第三期封三彩页对我社的活动情况进行了专门介绍。在校内，校刊《旸谷》专门开设“楹联天地”专栏，用于发表学生作品，为学生提供展示才华的平台。

通过校本课程建设与实施，学生的态度、价值、情感得到极大升华，精神世界更加丰富。参加“生活综合实践”的学生，走出校门搞社会调查，加深了对我国政治稳定、经济快速发展的认识，加深了对烟台蓝色经济、旅游事业发展的认识，提出了许多富有建设性的意见和措施，表现出一颗颗爱祖国、爱烟台、爱人民的赤诚之心。

学习“科学兴趣小实验”的学生，进一步掌握了解决生活中实际问题的技巧和能力，数学、外语、自然科学的水平有了明显提高。一些学生完成了多项科技（组）

实验，写出了有一定质量的实验报告。一些学生结合所学的数学、自然科学、社会、历史、地理知识，对烟台的蓝色经济、市民环保意识、旅游资源开发进行了较为深入的研究，写出的调查报告、科技小论文受到广泛好评，学生生活中的问题解决能力得到极大提高。这一切又进一步提高了课堂教学质量，我校教学业绩令人瞩目。

“高山仰止，景行行止，虽未能至，然心向往之。”课改永远在路上，校本课程的建设更是需要四中人的薪火相传，只要我们的方向是对的，不断前进，我们的目标就一定能实现！

建设学校特色课程　促进学生健康发展

《国家中长期教育改革纲要(2010—2020年)》进一步强调,支持普通高中学校建立特色化课程体系,鼓励学校在国家课程方案指导下根据自身定位和本地实际,多角度入手,规划符合办学目标和培养目标的特色课程,发展学校办学特色。普通高中特色课程理论是顺应高中特色办学提出的。高中是学生个性和才能显露与发展的关键阶段,特色办学才能适应学生的个性发展,才能为各种人才的成长开辟不同的道路。

高中特色课程理论有着确凿的理论依据和较高的实践价值。它的理论依据是加纳的多元智能理论,切合人本主义教育思想,体现了建构主义的评价观;实践上,它有助于改变我国高中同质化"千校一面"的倾向,改变一考定终身的评价体系,有助于形成灵活多变的课程实施方案,实现"一校一品"甚至"一校多品"的生机勃勃的特色教育局面。

课程是培养学生核心素养的重要途径,必须从学生的核心素养需求出发,科学安排特色课程内容,合理设置特色教学比例,引导学生主动参与特色课程。

一、培养学生核心素养特色课程基本现状

(一)特色课程理论内涵

特色课程应当从培养学生的核心素养出发,注重把创新思维的理论纳入特色课程的建构过程中,关注学生核心素养建构的模型,从知识、能力、情感和价值观等不同的维度来建构特色课程的内容。特别是在我国全面深化课程改革的过程中,只有围绕着使学生具备且能够适应其终身发展需要,有效地建构个性化和针对性强的课程内容,才能充分促进学生参与社会实践和满足学生自主发展需求,才能达到培养学生人文精神、科学精神、实践创新、学会学习和健康生活等基本的核心素养。只有充分研究我国新开发的课程标准,注重围绕适应性强的教材,充分利用现有特色教育资源,才能实现特色课程开发目标,从而使学生适应日益竞争激烈的

环境，搭建多元化课程体系，促进学生全面总体发展，最终实现特色课程资源的建构。

（二）特色课程建构问题

特色课程是现代学校教育的重要发展方向，也是体现学校教育品牌和教学质量的重要载体，所以应该重视特色课程的建构，加强特色课程的针对性与创新性，充分满足学生个性发展和现实需求。在特色课程的设置目标方面，充分回答了培养怎样的学生和怎样培养学生的问题，如我校的“自主招生培训课程”就是培养在高校自主招生中有竞争力的优秀学生。学校成立了烟台四中基础学科拔尖学生培养办公室，针对全国卷新高考、高校自主招生、学科竞赛进行研究。聘请北京大学副教务长吴宝科、北京大学数学系书记刘化荣、北京大学物理系副书记陈晓林、山东省物理协会秘书长张承琚等专家教授入校，与优生面谈，指导竞赛、自主招生等，让师生紧跟大师成长。我们积极到全国名校联系沟通，争取他们的支持和帮助。2016 年，我校成为中国药科大学、南京农业大学优秀生源基地；2017 年，复旦大学、南京大学、东南大学、河海大学、同济大学、苏州大学、南开大学、山东大学、江南大学、四川大学等名校到我校指导优生培养和自主招生工作。

从审美与文化价值方面对课程内容进行充分建构，如我校的“《红楼梦》导读课”“楹联创作与欣赏”；提高特色课程对学生的吸引力，如我校的“法学讲堂”“声乐演唱”；开设与学生生活密切联系的特色课程，如“扎染艺术”“烹饪基础”，充分激发出学生对特色课程的兴趣。现代特色课程体系不仅要在内容上创新，还要在教学模式与教学方法上进行有效的创新，这样才能在提供丰富信息的基础上，不断促进学生开展探究性的实践活动，实现对学生的全面启发与引导目标，使学生在接触新内容的同时提高创新能力，达到拓展学生思维和能力的目的，最终实现学生综合发展。特色课程只有顺应课改的体系目标，解决传统教学中的不足，才能实现特色课程的独特价值，满足学生成长的现实需求。

二、培养学生核心素养特色课程设置原则

（一）围绕学生核心素养创设

特色课程必须围绕着学生的核心素养创设，注重体现出特色课程的支撑性，通过特色课程达到培养学生适应社会发展需要的关键品格和能力，实现在知识、能力和情感方面的综合培育作用。特色课程可以不贪大求全，可以围绕着一点进行精深讲解，但是必须丰富其种类，满足不同学生的需求，实现促进不同学生能力和特长发展的作用。如我校的“英语配音课”，就是学习为英语影视剧配音。特色课程的目标应当与学校教育目标保持适度衔接，注重启发学生自主性地开展相关探究活动，使学生在充分地学习各学科基础知识的同时，不断研究社会现象，有效提升

解决问题的能力，达到打破传统教学格局、满足学生兴趣需求、促进学生共同协作、引导学生乐于学习的目标。

（二）形成完善的课程体系

现代特色课程的设置必须保持多样化，注重特色课程内容的丰富性，这样才能形成特色课程的体系，促进学生深入地认知和有效地学习知识。特色课程是精细完整的课程系统，只有注重实现点线面的有机结合，才能丰富课程内容和体系，补足学生在日常学习中的困惑和不足；只有注重形成关联性的特色课程体系，才能促进学生综合全面的发展。

在国家课程学习过程中，由于课程的独立性和难度大，学生没能综合性地运用各种知识解决问题，教学实施与教学目标相距甚远，没能实现开发完整性和综合性课程内容的目标。而综合性和关联性较强的特色课程体系，有助于学生围绕解决问题进行学习，促进学生形成生动直观的学习体验，对于拓展学生解决问题的思路，融会贯通各学科知识有重要的意义。

（三）满足学生个性需求

我校一向重视学生的个性化发展。通过特色课程来培养学生的综合素养，就必须注重进行个性化特色课程内容的设置，注重特色课程内容与学生的成长保持同步，这样才能达到给学生提供发展机会、有效应对学生成长发展的具体要求。根据不同学生的短板和特长进行特色课程的设置，既要注重特色课程提高学生的特长能力，同时注重特色课程补足学生的不足，使不同水平的学生在特色课程上都得到提高，达到特色课程内容与学生特长爱好保持一致的目标。

烟台四中在“和谐高效课堂”教学思路的指导下，借鉴并创新“道尔顿教学模式”，在学习多所教改名校经验的基础上，结合自身实际，提出了基于高效课堂建设背景下的“个性化学习教学范式”的课堂改革；围绕学生不同的学习方式来塑造课堂教学，形成了“三重四种”的课堂模式，即以“重自主、重互动、重效益”为特色的“三重”课堂教学模式，积极研讨启发式接受学习、引领式自主学习、研讨式合作学习以及展示式体验学习的“四种”课堂学习模式。通过科学合理的“教”，实现高效、个性化的“学”，最大限度地激发每一个学生的潜能，使学生真正成为课堂的主人。

（四）充分运用信息化方式

特色课程的开发还要注重使用现代信息化的教学方式，注重增加信息化教学的比重，使用现代化信息教学的方法，不断满足学生对特色教学内容的需求，给学生提供拓展、创新、探究的空间。例如，教师应当注重使用微课、慕课、翻转课堂等形式进行教学，注重全面运用多媒体的丰富信息来提高课堂教学活动的实践性，达到促进学生全面发展的目标。特色课程内容的设置还要通过网络环境收集学生的反馈信息，对学生进行有效指导，达到全面促进学生成长、提升特色课程适应性的目的。

如我校的“数理信息化”特色课程就充分体现了这一点。学校成立数理教科研中心，组织骨干教师赴北京学习，把大数据资源引入课堂教学，建构学科知识结构模型，直观动态地演示抽象概念。学生可以用简单的绘图工具编辑各种实验场景，如通过设置齿轮、弹簧、铰链等元素轻松掌握摩擦力、弹力等各种力的作用方式。学生还可以上传自己的作品，分享实验内容。这种课堂模式，打破了时间和空间的界限，突破了传统书本教材的束缚，激发了学生的求知欲望，使知识的传授更加符合学生的认知规律。主要目的有三：一是原本只能抽象讲解的，变成具体的展示；二是原本只能静态展示动态的，变成动态展示动态；三是原本只能平面展示立体的，变成立体展示立体。

三、特色课程硕果累累

（一）培养了一大批学有所长的优秀学生

学生根据自己的实际情况，分年级完成学科特长竞赛、科创、专利奖项以及在省级期刊发表论文等自主招生报考准备。目前我校有 80 多人次在物理、数学、生物、化学奥赛中获奖，其中 30 多人获全国奖项。2014 级学生勇思骏进入 2016 年夏天清华数学营。2015 年烟台四中正式成为“全国中小学生创新作文大赛基地校”，享有校长实名推荐晋级北京大学总决赛资格。在 2015 年 8 月 7 日结束的北京大学总决赛中，我校获得全国一等奖 1 人、全国二等奖 9 人、全国三等奖 5 人的好成绩，被大赛组委会评为全国十佳示范学校。另有 13 人在“圣陶杯”“语文报杯”全国作文大赛中获全国一等奖，30 多人获二等奖。2016 年 4 月 10 日，烟台四中成为应用物理竞赛山东赛区烟台唯一考点，2017 年取得了 8 人夺得全国一等奖、15 人获全国二等奖、25 人获全国三等奖的全省最好成绩！在 2016 年全国创新英语大赛中，15 人获全国奖项，其中 5 人获全国一等奖，35 人获华北赛区奖项。成立了创新社团，帮助学生获得全国专利证书，我校现有王云扬等 17 人次获得实用新型国家专利证书。

（二）打造了一大批有特色的教师

我校语文组的“《红楼梦》导读课”“楹联创作与欣赏”特色课程受到烟台市教育局的表彰。语文组曲永辉老师代表烟台四中在龙口举办的“全市整本书阅读教学研讨会”上发言，受到与会教师的高度评价。音乐组训练学生参加“2018 年芝罘区第六届中小学生艺术展演专场”。吴淑贤老师编排的大合唱《城南送别》《sing sing sing》，邹蕴婧编排的民乐合奏《拔根芦柴花》，双双出线参加市级比赛。张勇老师和刘岩老师编辑校本教材《99 天硬笔字速成法》，以此为教材开展“一分也不能丢”

的全员练字活动。石磊、畜昕创新社团带领学生研究和训练无人机的操控，带领学生搞创新发明，获得国家专利 17 项。体育组郭永涵等老师的“足球技术”课程成绩骄人，在烟台市“市长杯”校园足球联赛中蝉联冠军。

赵冰、宋翠等 11 位老师被确定为“首批烟台市教坛新秀培养人”；在山东省十九大“特色示范课堂”评比中，赵冰、杨文卿、潘振华获得烟台市一等奖，并获得参加山东省评比的资格。任慧娟、刘爱华、刘会会、付元萍、由红文、张丽娜、刘艳明、张雅靓、任林、褚俏俏等老师获市优质课程资源一等奖，并被推荐到省里比赛。付俊花获烟台市中学心理健康教育优质课程资源一等奖，并被推荐参加省课比赛。石磊在烟台市传统优质课比赛中获一等奖。

课程是教育工作的灵魂，特色是学校办学最好的品牌，特色课程是学校最亮丽的名片。笔者将带领烟台四中在特色课程方面不断探索，砥砺前行，让四中的明天更辉煌！

《红楼梦》导读实施方案

《红楼梦》是一部奇书。它如一座宝库：精彩的人物描写，巧妙的情节设计，意味隽永的诗词曲联，高洁美丽的人生理想……其中的精华取之不尽，用之不竭。高中语文必修三（人教版）“名著导读”部分，对《红楼梦》做了简要介绍，吸引了一部分学生的目光。但如果真要深入阅读，在我校目前状况下，只靠学生课下自行完成是不现实的。而如果学生真能完成这项阅读任务，无论在写作方面，还是在看待事物、了解历史文化、理解人生方面，将收益很多。那么，如何指导学生有效阅读这部博大精深的著作？我们做了一个大胆的尝试——利用课堂时间指导阅读。

一、坚定信念，定好目标

一旦决定要指导阅读，就应有适用的计划。我们初步决定，每周拿出一节课阅读《红楼梦》。

在实践过程中，必然会遇到一些外来阻力，如考试压力、某些人不理解等。面对这些，作为语文教师，我们必须清楚，我们担负的任务绝不只是让学生高考，更不是为了个人名誉而把提高分数作为唯一的工作目的，死板地灌输答题思路、答题步骤。我们更重要的职责是传播文字、文学中的真善美，让学生真正热爱母语和中华文化，学会欣赏文学作品。语文，本应是集中了人类思想精神精华的学科，不该如目前一般死气沉沉。我们总要给学生注入一些新鲜血液，让他们领略文学精神之美，真正读懂语文，喜爱语文。面对种种非难和不解，我们应该坚守信念，走自己的路。

有了坚定的信念，还应有适宜的目标。经过权衡，我们初步定下，阅读《红楼梦》的目标是：

（1）学习小说中精彩的人物描写和其他手法，如外貌描写，言行描写，心理描写，细节、侧面描写，景物烘托，谐音双关，诗词暗示等，并应用于写作。

（2）拓宽视野，了解小说所展现的历史背景、相关习俗等，提高整体语文素养。

（3）领会作者思想之美，理解作者对青春、美的赞颂与惋惜之情以及博大的悲悯之心，理解平等、自由的思想和深沉的兴衰之叹、沧桑之感，从而丰富我们的精神世界。

二、坚守阅读原则，正确引导

作为一部内容广博、情节复杂的古典小说，《红楼梦》中不可避免地会有一部分对于青少年来讲是糟粕的东西存在。鲁迅先生说过，拿来主义者的态度是：占有，挑选，创新。为了真正能够读懂小说，挑选出最适合学生的部分，获得最佳效果，我们制定了如下阅读原则：

（一）坚持选择章节的原则

1. 取前 80 回，弃后 40 回

前 80 回与后 40 回在写作上有着非常明显的区别。单从塑造人物形象角度论，前 80 回人物形象栩栩如生，血肉丰满，个性鲜明，每个人物都独具韵味；后 40 回则显得程式化，人物性格缺少魅力。前 80 回中的某些人物形象，在后 40 回中甚至有被扭曲的情况。因此，笔者主张只读前 80 回。虽然没有明确的结局，但小说的残缺美恰如维纳斯的断臂，可以让学生充分发挥想象，通过判断和猜测来进一步领略小说的魅力，并可以深入钻研相关诗词和暗示，体会作者的巧妙用心，从而提高语文能力。

2. 取部分经典，弃琐碎部分

对于一般学生，尤其是我校文学素养较低、欣赏基础较差的学生来讲，把前 80 回全部读完并非易事。这就需要教师来为学生取舍。《红楼梦》中有许多非常经典的片段，生动鲜明地传达出人物的个性、心绪乃至暗示了人物身世、前途等，这些片段的语言也非常传神，有很高的借鉴价值，甚至达到了诗情画意的境界，如黛玉葬花、宝钗扑蝶、探春结社、湘云醉眠等，这就是我们应重点介绍的内容。至于某些小片段，如日常对话、琐碎的矛盾纠纷等，虽然也包含曹公的深意，细品可知意图，但并不适合都介绍给学生。

3. 取内容适合青少年的章节，弃不利部分

前 80 回中，也有不适宜学生的部分，如第五回《贾宝玉神游太虚境，警幻仙曲演红楼梦》，其中的红楼梦十二支曲子和判词、图画，是暗示金陵十二钗命运的关键内容，我们自然应允许阅读；但后半部分有贾宝玉与“警幻之妹”之间的暧昧情节，后一回写到贾宝玉梦醒后，又有贾宝玉与袭人“云雨”之事，在印发阅读材料时应删除。

（二）应正确引导

如对于贾宝玉这个人物，学生没有阅读小说时或最初阅读时会有不同的理解。有的学生说：“宝玉就是一个花花公子。”“宝玉被惯坏了，太任性了。”甚至有些成年

读者也是如此认为的。这必然要影响理解，掩盖作者的深层意图。贾宝玉的泛爱，是对一切美好的人与事物的仰慕与赞美，是对被压抑、被损害的美的同情与悲悯，因此，这种泛爱就有了更丰富的意蕴和更深刻的意义。要引导学生懂得这一点，可运用如下方法：

（1）从某些片段入手，深入分析人物心态，准确理解。要很好地理解贾宝玉形象，就应选取一些适宜的片段，如“平儿理妆”“探望晴雯”“祭奠金钏”，从中可分析出：贾宝玉对平儿、晴雯等人的感情，与对林黛玉的爱是迥然不同的。他对林黛玉的爱，是充满试探的，小心翼翼的，他为此指天发誓，赔尽小心；最重要的是，他与林黛玉的爱是建立在志同道合的基础上的，而他与晴雯等人之间并不具备这些条件。所以，他对晴雯等人的感情实际上并非爱情，而是建立在平等基础上的欣赏，是对被损害、被侮辱的女性的同情，是对缺乏人性的封建制度的一种反叛。他的这种爱，甚至推及自然万物，“时常没有人在眼前，就自哭自笑的，看见燕子就和燕子说话，看见了河里的鱼就和鱼儿说话，见了星星月亮，他不是长吁短叹的，就是咕咕哝哝的”。他内心无可发泄的渴求，寄托在一切美好的事物上，温煦缠绵如春风，浩荡奔流如江河，他极度孤独又极度渴望冲出孤独。由此可以推出，贾宝玉非但不是所谓“花花公子”，而且是一个内心充满爱、极度渴望自由、苦苦追求美的形象。这一形象之于古老封闭、礼教森严的中国社会，便如哈姆莱特之于文艺复兴之前的西方世界。

（2）理解小说中独具风格的手法。写贾宝玉这一人物，作者从他出场开始，就多用“寓褒于贬”的手法，甚至加以毫不留情的讽刺。我们要引导学生看到作者运用该手法的深意。贾宝玉这样的形象，在封建中国，何止是为上层统治者所不容，为封建大家庭所不容，恐怕连安分良民、一般百姓也会视为叛逆，指为怪人吧。我们今人如此评价，也未必完全理解作者那“一把辛酸泪”。在特定的背景下，这样的手法背后，应该是浸透辛酸泪的孤寂与无奈吧。试问有几人能真正理解先驱者的悲哀？满怀沧桑与悲凉的曹雪芹，只能把他钟爱的男主人公用这样近乎荒谬的形式包装起来，在对贾宝玉的嘲讽中——其实也是自嘲——表达他的思想和感情。引导学生明确了这一点，那么，贾宝玉的种种胡言谬行也就不难理解了。

（3）借助有关材料，准确把握人物形象。如鲁迅说过很著名的一句话：“悲凉之雾，遍被华林，然呼吸而领会之者，独贾宝玉而已。”依据这句话，我们可以判断出，贾宝玉之“意淫”，实为同情与悲悯。《贾宝玉：狂人形象的先驱》（王晓初撰）中说：“现在需要辨析的是贾宝玉的孤独究竟是源于他性情的‘古怪’，还是源于与狂人同一的崇高而深沉的人生思考？答案的选择应该是后者……”文章就此问题做了非常细致的分析。《论贾宝玉的悲剧心态》（宋克夫撰）中说到贾宝玉的三种心态：孤独心态、压抑心态和出家心态。这些资料，相对来讲，比较通俗易懂，有利于帮助学生理解人物，所以，我们可以适当为学生介绍或引用其中的文段。

三、分段导读

（一）第一阶段：介绍人物，探究个性

该阶段，绝大部分学生尚未接触原著，仅仅学习过课文《林黛玉进贾府》，对相关人物的关系有着初步的了解；而原著篇幅极长，内容复杂，多写闺阁琐事，初读者未必会有兴趣。因此，此时只适宜调动积极性，引发阅读兴趣。我们的具体做法尚显粗糙，即只对主要人物、经典故事做精要介绍，介绍时一定要选取最精彩的章节，调动起学生的阅读兴趣，以收到最好的效果。

下面简述具体做法：

1. 教师筛选与该人物有关的章节，做成幻灯片或打印出来，让学生阅读

1）筛选相关材料

此步骤非常关键，需要教师课下做大量工作，把有关人物的章节都浏览一遍，严格按照上述原则筛选片段。

(1) 筛选故事片段，分析人物性格。

如介绍王熙凤这一人物。有关王熙凤的情节很多，比较驳杂，我们可选取最为经典的“协理宁国府”一段，让学生体会她精干、威严、善于管理的特征；“借刀杀人”一段，则可很好地表现她狡诈机变、口蜜腹剑的个性；“效戏彩斑衣”一节，则表现出她在贾母面前善于邀宠的特征。

(2) 筛选环境描写，分析人物性格。

如果小说中有关系到人物个性的环境描写，此时也可带出。如在介绍探春时，可让学生阅读关于秋爽斋的描写：

探春素喜阔朗，这三间屋子并不曾隔断。当地放着一张花梨大理石大案，案上磊着各种名人法帖，并数十方宝砚，各色笔筒，笔海内插的笔如树林一般。那一边设着斗大的一个汝窑花囊，插着满满的一囊水晶球儿的白菊。西墙上当中挂着一大幅米襄阳《烟雨图》，左右挂着一副对联，乃是颜鲁公墨迹，其词云：

烟霞闲骨格，泉石野生涯。

案上设着大鼎。左边紫檀架上放着一个大观窑的大盘，盘内盛着数十个娇黄玲珑大佛手。右边洋漆架上悬着一个白玉比目磬，旁边挂着小锤。

这段精彩的环境描写，突出了“大气”二字，很形象地衬托出探春那爽朗、干练的个性与堪比男儿的大志。其余人物的居所，如林黛玉的潇湘馆，幽深、雅洁，斑竹摇曳，衬托出她高洁傲岸、多愁善感的个性；宝钗的蘅芜苑，朴素、冷清，雪洞一般，衬托出她“淡极”的“冷香”、恪守礼教的性格。

(3) 筛选诗词，借以分析人物性格。

小说中有许多描写大观园女儿结社、吟诗的情节。这些诗词，往往折射出人物

的个性。所以，若要真正读懂一个人物，也可从其诗作入手。如在《秋爽斋偶结海棠社》一回中，林黛玉写道："半卷湘帘半掩门，碾冰为土玉为盆。偷来梨蕊三分白，借得梅花一缕魂。月窟仙人缝缟袂，秋闺怨女拭啼痕。娇羞默默同谁诉，倦倚西风夜已昏。"她诗中的白海棠孤高雅洁，飘逸出尘，忧郁哀伤；薛宝钗写道："珍重芳姿昼掩门，自携手瓮灌苔盆。胭脂洗出秋阶影，冰雪招来露砌魂。淡极始知花更艳，愁多焉得玉无痕。欲偿白帝宜清洁，不语婷婷日又昏。"她诗中的白海棠端庄持重，含蓄恬淡，安分随时。二诗虽然是写白海棠，却都是作者心态、思想、个性的写照。曹雪芹巧妙地利用诗句，把他钟爱的人物表现得栩栩如生。所以，我们也可以选择一些比较有代表性的诗词，如《柳絮词》《五美吟》《葬花吟》《菊花诗》等，来引导学生用诗歌鉴赏的思路去分析人物形象。

(4) 引导阅读相关判词、红楼梦曲，也可加入人名谐音探究，借以增强趣味性。

金陵十二钗的判词，多语言优美，有预示人物命运的作用，相关曲子也是如此。人名往往也暗示着人物的命运或作者的评价。引入这些内容，可以让学生产生一定的探究心理，想要探究人物的身世、个性或命运。而唯一满足他们好奇心的途径就是阅读。

总之，在这一步骤，我们采用这样的形式：首先整体介绍人物身份、与其他人物的关系，再引入相关判词和曲子，然后，选择(1)、(2)、(3)中所述材料，做成幻灯片或印成材料让学生阅读。为充分调动学生的积极性，做幻灯片时，我们可以利用幻灯片的特点，充分调动学生的感官，为文字辅以优美的画面、经典的剧照、动听的乐曲等。如介绍林黛玉，可以辅以潇湘馆的幽幽翠竹，让学生感受洁美幽雅的文化气息，可在阅读文字后播放《黛玉葬花》片段，使学生感受生命陨落的凄美、悲凉，可插入宝黛读曲的画面，唤起学生对真、善、美和自由的向往之情。这样，运用多种手段，先把学生的阅读兴趣调动起来，然后才能真正深入开展阅读活动。

2) 各抒己见，探究人物形象

这一步骤，应让学生唱主角，给他们充分的自由空间。即便是从未读过《红楼梦》的学生，这时也应该对小说有一定兴趣了。当读完一个人物的相关片段时，可先组织讨论，再选派代表发言，如有不同见解，可反驳，甚至展开辩论赛。教师只做适当的启发与引导即可。

下面以介绍薛宝钗时对一个片段的分析为例，简述做法。

(薛宝钗发现林黛玉看《西厢记》《牡丹亭》后，责备黛玉并劝说。)

"咱们女孩儿家不认得字的倒好。男人们读书不明理，尚且不如不读书的好，何况你我。就连作诗写字等事，原不是你我分内之事，究竟也不是男人分内之事。男人们读书明理，辅国治民，这便好了。只是如今并不听见有这样的人，读了书倒更坏了。这是书误了他，可惜他也把书糟蹋了，所以竟不如耕种买卖，倒没有什么大害处。你我只该做些针黹纺织的事才是，偏又认得了字，既认得了字，不过拣那正经的看也罢了，最怕见了些杂书，移了性情，就不可救了。"一席话，说得黛玉垂头吃茶，心下暗伏，只有答应"是"的一字。(42回《蘅芜君兰言解疑癖 潇湘子雅谑补馀香》)

阅读后，一学生认为，这段话表现了薛宝钗的封建观念，那就是男尊女卑的思想。第二个发言者纠正说，准确地说，是"女子无才便是德"的思想，薛宝钗认为，女子读书多了，便"移了性情"，会做出不合封建道德规范的事情。教师继续提问，第三个学生补充说，"就连作诗写字等事，原不是你我分内之事，究竟也不是男人分内之事。男人们读书明理，辅国治民，这便好了"这句话，还透露出薛宝钗的封建正统思想，即认为读书就是为了做官，辅国治民。男子写诗作文，如果与仕途无关，单纯追求情趣，也是不该的。第四个学生说，这里面还有对贾宝玉的讽刺，即"只是如今并不听见有这样的人，读了书倒更坏了。这是书误了他，可惜他也把书糟蹋了，所以竟不如耕种买卖，倒没有什么大害处"。说到此，教师总结并启发："薛宝钗这段话，集中反映了她恪守封建道德的思想。林黛玉的思想中有很浓重的叛逆色彩，那么，作者描写林黛玉这个叛逆者听了'心下暗伏'，有何用意呢？"学生说这是侧面描写，突出了薛宝钗这段话在当时的文化背景下入情入理，也表现了薛宝钗说话得体、善于劝说的特征。同时，还有学生说，这表明了当时这种正统的封建思想力量是很强大的，连叛逆者林黛玉也不得不向它低头。这样，该段文字得到了较好的诠释，我们的阅读目标也就达到了。

3) 总结，引导学生深入思考

这一步骤，教师引导学生对人物形象做简单的总结，如对薛宝钗形象的总结：

(1) 恪守封建礼教，简朴典雅，恪守中庸，藏愚守拙，安分随时。

(2) 宽容大度，温良贤惠。

(3) 处世圆滑，善于机变，善于笼络人心。

这样做是为了给学生一个整体的印象。但切忌过于全面，一定要留有余地，以便激发学生继续阅读的兴趣。

还可以引导学生纵深拓展思路。如，探讨林黛玉形象后，可以提出问题："林黛玉是作者钟爱的形象，作者为何要把她设计为一个小心眼的人？"学生回答是身世、环境使然。此时教师可趁机补充"缺陷美"这一概念，说明"高、大、全"的超完美形象不可能感人，还可适当举出学生熟悉的形象，如电视剧《亮剑》中的李云龙、《水浒》中的鲁智深，作为证据，证明真正有魅力的文学形象往往是具有一定缺陷的，这样才真实、感人。

又如，分析王熙凤的形象后，学生普遍认为她是反面的，是作者要批评的形象，此时我们可以再深一层，提出这样的问题："王熙凤八面玲珑，威严逼人，但面对贾琏的荒谬行径也只能让他三分。王熙凤为什么不拿出威风来制服贾琏？"或问："为什么王熙凤会甘心忍受婆婆邢夫人的欺辱？"学生就会深入思考，考虑到封建社会中男尊女卑的社会现实，感到王熙凤实际上也是一个悲剧形象。她虽然备受贾母宠爱，在府中地位甚高，但是，她也无法摆脱传统礼教的束缚。作为贾琏的妻子，她无力阻止贾琏的滥情，也无力与愚昧蛮横的邢夫人抗争。再结合王熙凤出众的管理才能去理解，就会发现，作者批评她势利贪婪、狡诈机变的同时，也欣赏和赞美她的才干，同情她的命运。她也是"一哭""同悲"的"千红""万艳"中的一朵。

4）应用于写作

高一阶段的写作，以记叙文为主。在写作课上，可以引导学生把从阅读中学到的描写人物的手法，如出色的白描、细腻的工笔、生动的细节、恰到好处的环境烘托等，运用到作文中去。

（二）第二阶段：精品章节阅读

在激发学生浓厚兴趣的基础上，我们开始将学生的兴趣引导到文本阅读中。在语文教学中，任何形式都取代不了文本的阅读以及由此生发的阅读感受。为此，我们精选了一些章节，根据章节的特点，进行循序渐进的赏析。

1. 联系已学知识，教师引导赏析

《红楼梦》赏析不能一蹴而就，要想学生吸收到原著的精华，一定要从文本中发掘精彩之处细细咀嚼品味。我们首先选取第一回《甄士隐梦幻识通灵 贾雨村风尘怀闺秀》，引导学生细读其中的两个神话故事，体会两个故事提纲挈领的作用及浪漫主义的写法。还可以结合以前学过的浪漫主义写法，如《窦娥冤》的结尾、《孔雀东南飞》的结尾、李白的诗歌、李清照的《渔家傲·记梦》、中外神话故事，这些浪漫主义作品的特点是想象丰富、运用夸张手法、表现对理想的追求和对现实的不满。浪漫主义手法，为文学作品增添了唯美浪漫的气息，给读者以超凡脱俗的艺术享受。这一阶段，主要是教师设置问题，学生围绕问题展开阅读，唤醒学生以前的阅读体验，让学生温故知新。另外，我们还结合必修课本的《咬文嚼字》，举《红楼梦》十七回《大观园试才题对额 荣国府归省庆元宵》贾宝玉奉贾政之命题字、题诗的相关内容，如沁芳亭、杏帘在望等名字，"绕堤柳借三篙翠，隔岸花分一脉香""宝鼎茶闲烟尚绿，幽窗棋罢指犹凉"等诗句，都值得细细品味，远远超过"红杏枝头春意闹""春风又绿江南岸"等陈旧例子。

2. 设置赏析点，学生自主赏析

在引导的基础上，应逐渐放手，让学生自主赏析。但学生在赏析过程中容易泛泛而谈，粗略笼统。鉴于此，教师和学生一起选好切入点，大处着眼，小处着手。如第二十三回《西厢记妙词通戏语 牡丹亭艳曲警芳心》，笔者就选两句曲词，让学生从意蕴之美和层次之美展开赏析，从曲词入手，深入剖析人物的精神世界。选取《宝玉挨打》片段，从众人之哭相看人物的内心世界。将人物分为哭和不哭两类，哭的人有着怎样的内心世界，不哭的人又出于怎样的考虑。红学家周汝昌在谈到"宝玉挨打"时说，"宝玉挨打"显出了贾府许多人心中不好过的地方。通过阅读本回，体会每个人心中的隐痛，明了荣华富贵、歌舞升平的贾府内部的嫡庶之争、父子之争，对外的政治之争。设置赏析点，收放结合，利于学生聚焦关键问题，有针对性地进行深入探讨。

3. 自主赏析，师生、生生交流

学生基本掌握了赏析方法和原则之后，我们放手让学生自己阅读，让他们根据自己的阅读感受自己确立赏析点。我们确立了第十三回《秦可卿死封龙禁尉，王熙凤协理宁国府》《抄检大观园》等让学生自由赏析，利用阅读课小组交流、班级进行投影交流，师生自由发表看法。学生自主阅读，自由赏析。

4. 筹备红学社，争取领导支持

吸收爱好《红楼梦》的学生参加，以高中学生为主体，以"弘扬中国传统文化，丰富校园人文气息"为宗旨，立足于"探索红楼奥秘、阐释红楼内涵、推动红学研究、丰富校园文化"的学术研究目的，建立学生社团。该社以红学知识为理论依托，通过举办以《红楼梦》为主题的讲座、沙龙、笔会、诗会、知识竞赛等各种形式的活动，为喜爱《红楼梦》艺术的广大学生提供讨论和交流的空间，让更多的人了解并喜欢《红楼梦》。

红学社设立社长、副社长、文学部、组织部、宣传部，并邀请全国红学会理事、红学家、特级教师张春树先生，省楹联协会副会长、烟台市楹联协会主席、烟台市红学会理事贺宗仪先生，烟台市语文教研员杨振贤老师，芝罘区语文教研员林春龙老师为本社顾问，对本社进行学术和程序上的指导。

在校刊《旸谷》开辟专栏，择优发表。

教育家陶行知说："教育不能创造什么，但它能启发儿童创造力以从事于创造工作。"我们的《红楼梦》导读意义也在此。

烟台四中“楹联欣赏与创作”校本课程实施报告

一、资源调查与背景分析

烟台四中始建于1953年9月，新建于1988年9月，是烟台市首批省级规范化高级中学。教学设施先进，教学风气优良，办学特色鲜明。先后获得山东省规范化学校、烟台市教书育人先进单位、烟台市电化教育示范学校、烟台市文明单位、芝罘区高考优胜单位等30多项荣誉称号。2013年11月7日，获得“北京大学创新人才培养实验校”资格。我校是全国第五个、山东省唯一一个获得此荣誉的中学，实验校的揭牌意味着烟台四中的学子将能享受到北京大学的优质教育资源。

我校有着良好的文化氛围。自2008年“旸谷文学社”建立，校刊《旸谷》创办以来，一直秉承文化兴校的原则，鼓励师生阅读，鉴赏经典诗词、楹联，鼓励创作、投稿。在此基础上，在山东省暨烟台市楹联家协会领导的关怀与指导下，2011年3月我校成为山东省暨烟台市楹联教育基地；2014年5月我校被授予“中国楹联教育基地”的称号，同年九月荣获“优秀中国楹联教育基地”称号。

楹联，是中国独有的文学形式，是建立在汉字形、音、义基础上，长短不拘的对称性格律文学。楹联历史悠久，鼎盛于清代，长期为教育者所重视。从明清两代的殿试到民国时代的大学招生考试，对联题常常出现。至今，楹联教育在语文教学中依然有着突出的地位，对学生积累语言知识、提高语文成绩、提升语文素养、提升精神境界有着重要的作用。因此，我校抓住这个切入点，结合我校良好的文化氛围，从2011年建立省、市楹联教育基地开始，开展了一系列与楹联教学有关的活动，并将“楹联创作与欣赏”作为校本课程进行开发。

二、课程目标与课程内容的确定过程

省教育基地建立后，我校领导非常重视，组织成立了“烟台四中楹联艺术社”，这是一个以“传承国学精粹，弘扬楹联艺术，丰富语文素养，提升精神境界”为宗旨的学生社团。同时，成立了以王波校长为组长、以工会李大民主席为常务副组长的楹联教育工作领导小组，对楹联艺术社的活动时间、地点、所需经费等做出具体安排，为社团活动提供了有力保障。

长期以来，语文组教师担任楹联艺术社辅导教师，定期辅导学生。各班学生自由报名参加学习。高一、高二年级每个班级都有一到十名楹联社成员，他们定期到社团活动室学习楹联知识。学习方式不拘一格，有教师讲座、辅导，欣赏名联，学生讨论交流等。每年都要对在此方面表现突出的学生进行表彰。校园中形成了良好的学习、创作楹联的氛围。

为了加强假期交流，拓宽学生视野，楹联社还有效地利用了网络资源。我们建立了新浪博客，分为“学联居”（用于介绍楹联知识）、“吟联轩”（用于发表学生佳作）、“爱联阁”（用于讲述趣味楹联故事）、“赏联亭”（用于赏析名联佳作）、“征联台”（用于发布校内外赛事）、“信息馆”（用于发布社团活动消息）、“诗文苑”（用于发表楹联论文或其他与楹联相关的诗文）、“藏联楼”（用于链接楹联方面的电子书籍）八个板块。为了激发学生的兴趣，辅导教师还设置了“赏图吟联”“听曲作联”“联说课文”等趣味性强的小栏目，鼓励学生创作。同时，楹联社建立 QQ 群，寒暑假通过群进行辅导答疑、讨论交流，收到了良好的效果。

经过一系列的准备工作，条件已经成熟。经过商讨，我校将楹联校本课程命名为“楹联欣赏与创作”。

随着高考改革的推进，高考语文试题中将越来越多出现与文学素养相关的考题。2018 年，山东省高考语文试题使用全国卷。与传统的山东卷相比，全国卷更侧重考查学生的语文素养和语文能力。而自主招生语文试题更侧重考查学生这方面的能力。因此，找到一个较好的切入点，设置一门能够培养学生语文能力并促进大量阅读、丰厚文学底蕴的校本课程，势在必行。

另一方面，语文教学的目的并非仅仅在于应试，它更重要的任务是让学生体验到中国语言文学之博大精深，从而使学生对祖国语言文化产生浓厚的兴趣，培养其审美情趣，提升其精神境界，使之具有洋溢着真、善、美之光的强大灵魂，具有承传和弘扬祖国传统文学的意识。在这方面，文质兼美的楹联，是很好的载体。经典楹联或描绘锦山秀水，让我们亲近自然；或道出人生哲理，让我们身心清明；或抒写崇高理想，让我们心驰神往；或利用汉字本身特点形成巧妙的拆字联、谐音联，让我们顿生兴致，流连忘归。在古今楹联作品中，我们几乎可以找到我们这个可爱民族的所有美好品性——诚信、勇毅、宽容、善良、勤奋、专注、淡泊名利、心怀天下……所以，楹联教育，可以是一种审美教育，可以让学生的心灵得到净化和充实，让他们拥有宝贵的精神财富。基于以上原因，我们把课程目标设定为：

（1）引导学生学会欣赏楹联，积累典故和词汇，拓宽视野。

(2) 引导学生学会楹联创作的基本规律，并能创作出合格的作品乃至佳作。

(3) 在引导创作的过程中，促进大量阅读，培养语文能力(含更好地掌握和运用语法知识、提高鉴赏力与写作能力、锻炼逻辑思维的能力等)。

(4) 培养审美情趣，提升精神境界。

结合实际，我们把课程内容设定为：

(1) 现代汉语语法基本知识复习(包括词性、短语类型、句子成分、句间关系)。

(2) 楹联基础知识。

(3) 楹联欣赏(包括古代名联欣赏、当代名联欣赏、芝罘名联欣赏)。

(4) 楹联创作。

(5) 与楹联有关的活动。

三、课程实施的策略与效果

我校的“楹联欣赏与创作”课程分如下几个步骤进行：

(一) 调动兴趣阶段

语文教师将《联律通则》、《〈联律通则〉解读》(叶子彤)、《声律启蒙》和古今名家联作等资料作为教材，根据学生的接受能力，自加注释，印发给学生。这一措施收到了良好的效果，相当一部分学生对楹联欣赏与创作产生了浓厚的兴趣。

(二) 课程实施阶段

开设选修课，除了楹联社社员之外，其他学生也可自由报名参加。由语文教师兼任楹联教师，进行专门辅导。学生们积极参与学习，并在回班后向其他学生讲解楹联知识，带动同学学习和创作。

在授课过程中，我们力求用楹联带动整个语文学习，从以下几个方面入手：

(1) 楹联教育与语法知识——用创作、修改楹联带动学生更好地掌握语法知识，进而使学生做好语文试卷中与语法有关的题目。

(2) 楹联教育与阅读鉴赏——经常阅读和鉴赏经典楹联和创作楹联，带动学生提高理解、鉴赏能力。

① 坚持欣赏经典楹联，积累文言词语，识记成语、典故，帮助理解文言文段或古诗词；在楹联创作过程中，使用课本典故，巩固记忆，以便应用。

② 欣赏经典楹联，引导学生从中学到精彩的写作手法，开阔视野，帮助鉴赏。

(3) 楹联教育与作文——可将楹联看作一篇短小的文章，有效地提高写作能力。

① 创作楹联的过程，体现读书之多少及语言积累之丰薄，我们力求调动学生读书的积极性，为写作文打好基础。

② 力求通过创作楹联，提高选择写作角度的能力，从而提升文章境界。

③ 力求通过楹联欣赏与创作，提高语言水平。

④ 力求锻炼逻辑思维能力，恰当地安排作文结构。

(4) 通过学习楹联平仄规律，让学生更好地鉴赏和背诵古诗词。

(5) 力求让学生更富审美情趣，提升精神境界。

此外，除了正常授课外，我校师生的楹联活动丰富多彩。我们主要采用如下形式组织学生活动：

(1) 组织采访、参观，让学生通过接近联家、实地考察的形式学习楹联。

(2) 举办讲座，拓宽学生视野，提高学生水平。除日常辅导之外，我们还多次举办讲座。先后邀请烟台市楹联家协会副主席位仁田先生，烟台市楹联家协会主席贺宗仪先生，著名书法家、西泠印社社员刘云鹤先生来校讲座，受到学生好评。

(3) 要求学生每年春节开展“集佳联、改病联”活动，即要求学生在春节走亲访友时注意居民门前的春联，如有好联，即抄录下来；如发现病联，也抄录下来，并练习修改。

四、课程评价标准与方法

我校为校本课程设置了一定的评价标准，找到了合理的方法。一方面，我校通过举行校内征联活动来评价学生的学习效果。对于获奖学生，政教处给予加分奖励，计入班级总评。同时，学校定期举行颁奖仪式，为获奖个人颁发奖品、证书，为获奖班级颁发奖状，进行鼓励。

2012—2015 年，我校举行过四届“春风杯”全校征联活动，每次出句 40 句左右，以海报形式张贴于宣传栏中，让学生自选应对，当场评奖。每届“春风杯”征联均历时两个月左右，在校园中掀起了对对联的热潮，对普及联律知识、促进对联创作起到了重要作用。相关消息在《烟台晚报》《烟台广播电视报》《楹联艺术》刊登，产生了良好的社会影响。此外，我校每年都要举办国庆征联、中秋征联、元旦征联活动等。其中，元旦征联要求既写出春联的喜庆氛围，又要表现出青春朝气蓬勃的特征。元旦将至之际，组织学生将选出的优秀对联书写出来，并张贴于各班门前，班与班之间互相赏读、评论，节日氛围中洋溢着浓浓的墨香。

另一方面，我校对在楹联校本课程开发方面做出贡献的教师，设置“特殊贡献奖”，在全校大会上予以表彰。

五、现实问题与改进意见

我校的楹联校本课程取得了一定的成就，但也存在着一些问题，急需改进。

首先，我校校本课程参与人员相对较少，以后应多方调动教师们的积极性，使之多参与，使教学活动更好地进行。

其次，目前，校本课程教材并不完善。以后将重新整理教材，编写出系统、全面的楹联教材，以便师生使用。

在文化发展多元化的今天，网络游戏、各种快餐式小说和漫画充斥着学生的视野，他们更需要摆脱浮躁，找到一种宁静而美丽的思想载体，回归中华文化之根。在这样的背景下，设置校本课程，承传和弘扬包括楹联文化在内的传统文化，就更为重要。若能将语文教学和楹联教育很好地结合起来，楹联之花将以点带面，催开满园绚丽的心灵之花，带来满园春色，满目缤纷！

4

教学篇

JIAO XUE PIAN

概 述

2001年6月，教育部颁布了《基础教育课程改革纲要(试行)》，掀起了基础教育改革的浪潮。基础教育改革的核心理念是“以学生的发展为本”，其目的是改变过去课程实施中过于强调接受学习、死记硬背、机械训练的现状，引导学生主动参与、乐于探究、勤于动手，培养学生收集和处理信息的能力、获取新知识的能力、分析和解决问题的能力以及交流与合作的能力。在新课程理念的指导下，上从国家、政府，下到学校、教师，都在探索着好的教育及教学方法。正如夸美纽斯在他的《大教学论》里所描述的那样：“找出一种教育方法，使教师因此可以少教，但是学生可以多学；使学校因此可以少些喧嚣、厌恶和无意的劳苦，独具闲暇、快乐及坚实的进步。”从课程改革到教学改革再到课堂改革，从有效课堂到高效课堂，课改如火如荼地进行着……一切围绕着“为了每位学生的发展”。

在课改中有些学校成为真正的名校，他们敢于冲破传统教学的藩篱，探索出适合自己的高效课堂教学模式，如昌乐二中的“271”课堂模式、杜郎口中学的“三三六”课堂模式等。走进这些课堂，“自学、互助、展示、反馈”“小组合作学习”“学生点评补充”，每个学生都充满了激情，学生真正动起来了，课堂活起来了，他们会学、乐学，在进行创造性的学习，他们真正成为学习的主人。在这样的课堂里，教师和学生积极互动，共同发展；学生勤于自主、善于合作、乐于探究。这些致力于高效课堂建设的学校无论从形式还是内涵上都发生了根本性变革，见证并收获着课堂改革给他们带来的丰硕成果。

新一轮基础教育课改，给许多学校带来了难得的发展机遇，同时也带来了严峻的挑战。面对教育教学改革的大潮，面对日趋激烈的教育竞争，烟台四中这所有着60多年历史的普通中学，凭何立足，怎样发展？学校领导班子在审视中坚定课改信念，达成“三个共识”，确立了“三个思路”，走四中特色办学之路。在教学方面，探索建构高效课堂，先后推进活力新课堂改革、探索小班化教学机制及探索优尖生培养模式。实践证明，学校所走的这条路是正确的，现在与过去对比，取得了突破性成绩，如北京大学零的突破、一本质的飞跃、升学率主要指标及生源素质的变化等。

改革求发展　创新提品质

一、"三个共识"建立共同愿景

高度决定视野。学校领导班子认为，思想境界上不去，办学思路打不开，学校的改革创新就只能是"原地踏步走"。为此，学校把外出学习取经作为教育教学改革的第一步，高规格、大密度地"走出去"，开阔了大家的教育视野，打开了学校的发展思路，全校上下在学校如何发展、往什么方向发展的问题上达成了以下共识：

第一，改革创新是学校发展的根本出路。

改革创新是学校的生命力，一所学校的发展史，就是改革创新的历史。当前，新一轮基础教育改革正以不可逆转之势强力推进。《国家中长期教育改革和发展规划纲要(2010－2020年)》对普通高中学校办学提出了两个最重要的要求：其一是全面提高学生综合素质，关注学生自主发展，创造条件开设丰富多彩的选修课，为学生提供更多选择，促进学生全面有个性地发展。其二是推动普通高中多样化发展。推进培养模式多样化，满足不同潜质学生的发展需要。面对教育改革发展的新命题、新任务，学校没有捷径可走，改革创新是必然选择。必须找准改革的突破口，从旧有的模式、制约学校发展的"瓶颈"入手，破旧立新、大胆变革，全面激发学校改革发展的内驱力，进而提升学校的办学实力和竞争力。

第二，课堂教学是教学改革的命脉所在。

课堂是教育教学的基本细胞，是教育教学改革的最终出发点和落脚点。枯燥低效的教学方式，让教师和学生深陷"教得累、学得苦"的怪圈之中而不能自拔。美国约瑟夫·特雷纳曼通过课堂教学测试发现：教师讲解15分钟，学生能记住41%；讲解30分钟，只记住前15分钟内容的23%；讲解40分钟，则只记住20%。这个实验结论告诉我们：无选择地全盘接受的学习效果明显低于通过自身内化、加以有选择性地消化和吸收。美国缅因州国家实验室有一项关于"学习金字塔理论"的研究结果，也很好地说明了这个问题，如下面所示：

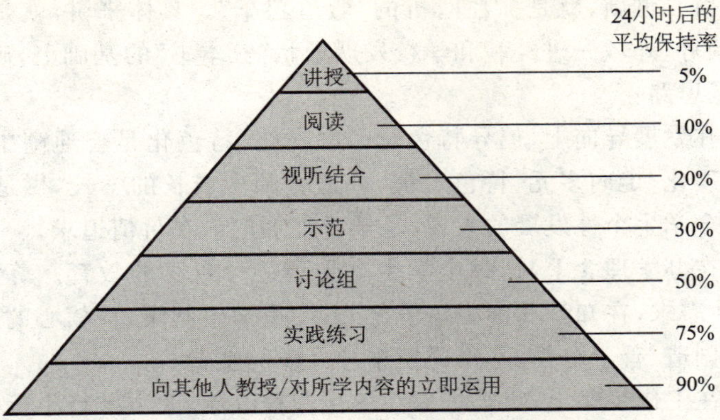

图中显示在每种指导方法下，学习24小时后的材料平均保持率

课堂教学改革越来越成为衡量教育教学改革的"第一标准"，没有触及课堂深处的改革，游离于课堂之外的改革，都不能称为真正的、有效的改革。因此，学校搞改革就要抓住关键，做足、做好课堂教学这篇大文章。

第三，教学关系的变革是课堂教学改革的核心关键。

长期以来，我们的教学活动一直是以"教师为中心"。教师是课堂的"主宰""主讲"，一旦站在讲台上便拥有了绝对的话语权，"教学"本是个共同体，却成为教师的独角戏。学生的自主性、创造性缺失，主体性得不到发挥。这是课堂效率低下、学生学习积极性低的症结所在。

一堂好课，应是"学习课"，而不是单纯的"教学课"；一堂好课，应是"自主课"，而不是单纯的"执行课"；一堂好课，应有"个性化"色彩，不应是"标准件"。"个性化学习"是当前教育教学改革的显著趋势之一。强调以学生为本，教师的教应"善于启发"，学生的学应"主动用心"，因材施教，围绕学生不同的学习方式来塑造课堂教学，使学生真正成为课堂上的主人。

要满足学生日益活跃的个性化学习需求，就必须从变革传统的教学关系入手，通过对传统课堂的改造，实现师生角色的转变，进行教学方式的重组；依托科学规范的流程、模式保证个性化学习的实施，让教师从台前走到幕后，把课堂真正还给学生，让每一个学生都有自主探索、合作学习、充分展示和独立思考的机会，在智慧、自信与快乐中健康和谐成长。

二、"三个思路"打造特色学校

山东烟台第四中学，是一所有着60多年历史的普通中学。60多年来，学校走过了一条艰辛、漫长而又令人振奋的发展之路：现在与过去对比，取得了突破性成绩，如北京大学零的突破、一本质的飞跃、升学率主要指标及生源素质的变化等。

变则通。烟台四中由弱变强的发展历程，概括起来就是一个字——变。这个变就是改革，就是创新，就是抓住时机的“弯道超车”。具体来讲，就是在深入研究教育发展大趋势、外域先进经验和学校发展现状“三本书”的基础上，确立的烟台四中的总体发展思路：

思路一：在发展导向上，倡导特色化。多样化、特色化是普通高中发展的大势所趋，告别同质化，走向多元、特色发展，办适合师生成长的学校，做适合学生成才的教师，育契合学生个性发展的人才，是学校发展的内在价值追求。

思路二：在办学理念上，让每个学生享受到适合自己的教育。尊重学生差异，满足学生个性需求，在知识和能力培养之外，注重学生健康、自信心的建立，以及勇于探索、敢于创造、善于合作、不惧逆境精神品质的塑造。

思路三：在工作策略上，牢牢把握住深化课程改革、大力推行小班化教学、精心挖掘自主招生潜力“三大创新突破点”。对内，积极进行课堂改革，充分发挥“自主、互助、高效”课堂模式的积极作用，推动教学质量大面积提升；对外，通过与北京大学基础教育中心合作，利用好北京大学优质资源，在优生培养工作上重点突破。

三、建构高效课堂，铸就卓越品质

改革最接地气的地方在一线，教育最鲜活的空气在课堂。课堂是教育教学的主阵地。只有课堂活起来、动起来，教与学的积极性才能充分调动，质量提升才能成为可能。烟台四中积极探究课堂教学模式，将“课堂”转化为“学堂”，给学生更大的展示舞台，引领他们，充分调动其学习兴趣，发挥其自主学习的主动性，提升其学习的成就感。“高效课堂”的立体推进，铸就了学校教育教学的卓越品质。

大力推行活力新课堂改革

一、实施背景

课堂教学是全面实施素质教育的主阵地，是学校工作的中心环节，是提高教育教学质量的根本途径。当前，我校广大教师牢固树立了质量意识，教学工作热情空前高涨，质量有了大幅度提升。同时，我们也不得不承认，我们的付出与我们的收益并不成正比，虽然教师教得很累，但学生学习的积极性不高、主动性不强，学习效率低下，究其原因，我们认为主要在两方面：

第一，我们的教育教学理念还没有完全转变，教育教学方式上以灌输为主，忽视能力培养，缺乏情感激发，不能面向全体，没有激励评价机制，学生缺乏自主学习、自主管理的能力、时间和主动参与的空间，课堂缺乏生机和活力，班级缺乏凝聚力和竞争力。正如叶澜教授曾说过的："已有教学理论传统之长，深入实践主根之深，形式硬壳之坚，传习的可接受性之强，都使今日教学改革面临着强劲的真实'对手'，教学改革要改变的不只是传统的教学理论，还要改变千百万教师的教学观念，改变他们每天都在进行着的、习以为常的教学行为。"

第二，学生的学习方式没有转变，一直是被动接受，课前不会预习，课上不会参与，课后疲于应付作业，成了接受性学习的牺牲品，学习效益低下。

基于以上现状分析，为进一步推进我校的课改工作，深入贯彻落实《国家课程改革纲要》及《国家中长期教育改革和发展规划纲要》精神，提升全校课堂教学的效率和质量，经研究决定，我校自 2013 年开始专项推进课堂教学改革工作，努力建构具有我校特色的高效课堂教学模式。

二、基本理念

(1) 教是为了不教。教学就是交给学生学，学是灵魂，教服务于学。

（2）有效教学最核心的一点是看学生是否愿意学、主动学以及会不会学，高效教学是指用最少的投入获得最大的产出。

（3）先学后教，精讲多练，及时巩固，及时检测。

（4）素质教育的三要义：面向全体、全面发展、主动发展。

（5）实现三维目标：知识技能，过程方法，情感、态度、价值观。

（6）学习方式：自主学习、合作学习、高效学习。

（7）学生管理：自主管理、主动发展。

（8）班级文化：亲情、感恩、责任、励志。

三、基本策略

（一）高效课堂模式：自主互动高效课堂

温故知新 复习检测	⇨	激情导入 目标解读	⇨	小组合作 交流展示	⇨	教师点拨 拓展训练	⇨	巩固检测 布置作业

（二）时间分配要求

（1）总的要求：课堂上学生自主学习、合作学习、课堂展示、课堂参与及总结、巩固、检测的时间不能少于25分钟，教师连续讲授的时间不能超过10分钟。学生课前预习的时间原则上控制在15分钟左右。

（2）课堂五步参考时间安排：温故知新，复习检测5分钟；激情导入，目标解读5分钟；小组合作，交流展示10分钟；教师点拨，拓展训练10分钟；巩固检测，布置作业10分钟；课堂机动时间5分钟。（说明：课堂五步的时间分配和步骤实施，教师可在实际操作中根据学科、课型、难度等实际情况适当调整）

（三）模式实施策略：一个核心两个保障

一个核心：学习目标。学习目标是一堂课的灵魂所在。它对教师选择教学内容和教学策略有重要的指导作用，也是对教学成败和学生学习质量进行评价的依据和标准。可以说学习目标是高效课堂的指南针，要贯穿课堂始终，即课前明确目标，课中围绕目标，课后回扣目标。

两个保障：导学案、小组建设。

推行导学案　建构全新教学模式

一、导学案的意义

导学案是全面贯彻素质教育精神，打造高效课堂的有效载体，是用于指导学生自主学习、主动参与、合作探究的学习方案，是学生学习的路线图，是教师用以帮助学生掌握教材内容、沟通教与学的桥梁，也是培养学生自主学习、建构知识能力的重要媒介，具有“导读、导思、导学”的作用，是提高教学效益的有效举措。

二、导学案编制的指导思想

(1) 以“自主互动高效课堂”理念为指引，全面体现能力立意。

(2) 以“学生为主体”为核心理念，紧紧围绕学生自主发展。

(3) 以“创新能力的提高”为目标，培养学生的问题意识和提问精神。

(4) 以“主体性、探究性、启发性、灵活性、梯度化、分层设置”为编制原则，体现导学案“导读、导思、导学”的作用。

三、导学案的编制流程

(一) 集体研讨，单元规划

备课组长要组织本备课组所有教师，在一个学期即将结束时进行一次或是多次集体教研。教研活动的主要内容是研究下一个学期的教材，对整本教材进行整合，深入研究新课标以及中、高考考纲要求，确定教材中的重难点并梳理知识结构，在集体通研的基础上做到对全册教材心中有数；然后进行整体规划，以一个单元或者一个知识点或者一篇课文等为一个单位，将教材进行分割，确立若干个备课任务。

备注：如果备课组教师较少，也可以是整个教研组作为一个备课组，或者是将整个教研组分成初、高中两个教研组进行集体备课教研。

（二）落实分工，明确任务

备课组长根据组内人员情况的不同，将若干个备课任务具体分工落实到个人，并写出本组内导学案的具体分工明细表，在下学期开学的第一个周上交教导处。教导处将根据导学案分工明细表进行相应的检查。

备注：

(1) 分工过程中要充分考虑本备课组内教师的具体情况，如教龄的差别、能力的差别、工作态度和成绩的差别等。对那些教龄长、能力和水平较高的教师可以考虑给予备课的重难点，教龄短、经验不足的教师可以考虑给予工作量稍大但是难点较低的导学案，充分体现相互协作的原则。

(2) 分工要尽量做到公平，要全体参与，导学案的编制不是个人的事情，而是集体的工作，备课组长分工时要充分考虑调动组内教师的积极性和主动性，要体现公平合理的原则。

（三）二次通研，提前备课

备课组长至少提前两周（如以第三周周一的课为例，必须在开学前第一个周的周五之前召开组内教研活动）召集全体组员就一单元或一周内所要讲的内容进行说课，着重围绕如何确定教学目标、选择教学方法、设计教学流程、分析学生情况等方面内容。以集体的智慧为主备人打下一个良好的导学案基础，然后主备人再加上自己的深入思考和独特理解，在一周内（第一周周五前）完成导学案初稿。

（四）三次通研，一次修改

主备人完成自己的导学案任务后，必须提前一个周的时间（第一周周五前）在本备课组内进行展示。备课组进行第三次通研，对主备人的导学案进行较为详细的讨论，结合每个人的教学经验、备课理解以及对上课的情景预设，提出导学案中的不足和问题，组内讨论后形成统一意见。主备人进行一次修改。

（五）教师备课，二次修改

主备人经过一次修改后的导学案必须在授课前至少一周（第二周周一前）的时间内，先印制发给组内的每一个教师。教师按照导学案内容进行个人备课准备，也就是较为详细的个人备课。在备课过程中如果发现什么问题，在集体讨论的基础上，让主备人进行二次修改。每一课时的修改过程需要在一到两天的时间内完成。

（六）领导签字，印刷使用

定稿后的每一课时的导学案需要由主备人负责到级部主任处进行签字，经级部主任审批认可后才能将导学案交到油印室印刷。导学案必须至少提前三到四天送到油印室，以保证能够至少提前一天发到学生手中。

（七）课堂检验，教师反馈

教师通过授课过程再次对导学案进行检验，真实的课堂流程可以检验出导学案设计中的优点与不足，如是否切中教材的重难点、问题设置是否具有梯度性、导学案形式是否灵活、是否能够最大限度地调动学生学习的积极性等。授课结束后，通过课后反思对导学案提出进一步的要求。

（八）三次修改，资源共享

主备人对于教师们授课的反馈情况在授课的当天必须进行三次修改，最终形成导学案的定稿，并将导学案的定稿发给本年级的备课组长。备课组长每个周都要整理自己学科的导学案电子稿，打包上传至电教中心。每个学期结束后还要分册、分单元进行进一步的整理，然后上传整理稿至电教中心，以备以后的资源共享。

备注：

（1）如果是新学期开始的前两个周的导学案，备课组长可以安排本备课组在假期返校期间或者是在上学期期末进行集体通研，以确保新学期开始的前两个周的导学案质量不会因为时间不足而无法保证质量。

（2）开学前两周的课可以安排经验丰富的老教师备课，也可以在假期中提前分工完成备课初稿，开学前进行集体通研以及两次修改。

四、导学案的编写格式

第一部分：导学案题头。

2013—2014 学年第×学期初（高）× 学科第×册　　课题　　学案

如：2013—2014 学年第二学期高一地理必修一学案

编号：　　使用时间：　　班级：　　小组：

姓名：　　组内评价：　　教师评价：

编写人：　　审核人（备课组长签字）：　　审批人（包科领导签字）：

第二部分：导学案内容。

导学案设计没有统一的版式，不同学校往往风格不同。我校的导学案设计内容格式具体如下：

【学习目标】必须体现三维目标：知识与能力，过程与方法，情感、态度、价值观。

【重难点】体现本课中的重难点，也就是课堂学生合作探究、教师点拨答疑主要解决的问题。

第一部分：【基础案】

课前全体学生必须完成，时间控制在 15 分钟左右。包括以下三部分：

【基础知识】主要是以题目的形式引导学生对课本进行初步预习，内容为基础知识，即学生通过自学就能掌握的内容，要让大部分学生都能够完成。要求他们通过自学独立思考，从而发现问题。

【基础检测】可以通过几个简单的小题目，以检测的形式来对学生的预习情况进行巩固，让学生更好地掌握预习内容。通过自我检测，更有利于学生发现问题。题目的设计要体现梯度性原则，由简单到稍微有难度。

【我的质疑】主要是为了让学生写下自己预习中发现的问题，便于上课合作探究、教师点拨时能有的放矢，解决心中的疑惑，不留学习的死角。

第二部分:【拓展案】

分层预习内容之一：要求部分学生(A 或者 A 和 B)课前完成全部或者是部分内容。具体包括以下三部分：

【合作探究】主要是课堂上引导学生进一步学习和探究本课重难点，对于重难点的掌握要循序渐进，合作探究的题目设计也一定要体现循序渐进的原则，分层设置题目，确保题目设置的高效性。题目的设置也要考虑便于学生展示和点评。

备注：

(1) 题目可以从数量上进行确定，根据学科的特点或者是题型，5～8 题为宜。

(2) 题目不能过大，一道题的答案不能过多，或者是问答题的文字表述不能太长。

(3) 探究题可以利用灵活多变的形式，如课本剧、辩论赛、抢答、游戏等形式，吸引学生的兴趣，保证学生上课能够有学习激情。

【拓展训练】主要是检验课堂上学生合作探究学习到的知识，也就是重难点知识的运用，更加注重学生综合运用知识能力的提升，让学生通过拓展训练能够将自己所掌握的知识进行复习巩固，活学活用为根本。拓展训练题目的设置可以适当加大难度，有利于学生综合能力的培养。

备注：本环节主要是用于学生能力的提升，题目的设计一定要有层次性，要充分考虑 A、B、C 层学生的不同特点，既不能忽视特优生的培养，又不能忽视待优生能力的提升。

【扣标小结】学生总结梳理本节课的知识，同时回扣学习目标，检查自身目标的达成性，可以用大括号的形式或者是画出知识树的形式等，也可以通过课堂口头表达、课后整理回顾的形式进行。使学生能够明确意识到新旧知识之间的相互联系，促进学生从多方面、多角度进行知识体系的主动建构，促使学生认识到所学知识本身的价值。

第三部分:【巩固案】

具体包括以下三部分：

【检测反馈】主要是利用几个小题目的形式对学生当堂学习的知识进行检测，帮助学生找出自己学习的不足，便于教师掌握学情。检测反馈的题型以便于检测为宜，问答题、选择题或者其他形式的题目均可。但时间一定要保证不超过 5 分钟。

【巩固提升】相当于课外作业，这部分内容课外完成，利用课外时间将课内知识进行巩固，主要也是一种能力提升和自我检测，要求学生课外独立完成。

【学后反思】形式可以不同，内容由学生自己书写，对自己的课堂学习进行反思，如自己在课堂探究学习中的收获、课堂学习中自己难于掌握的问题、学习过程中自己的不足、以后努力的方向等。

我校导学案在编写过程中都对具体操作和使用方法进行了明确的指导，让学生明确自己的任务，既指导学生关注学习过程中应该注意的方法，又指导学生如何更好地运用导学案来提高效率，如勾画圈点法、补充整理法等。同时对分层学习提出具体的要求，如提前预习作业时，A、B、C 层学生分别要完成哪些内容，【拓展训练】【巩固提升】等环节 A、B、C 层学生学习的具体要求等。

补充说明：

(1) 唯高效不唯模式。

由于课型、学科不同，导学案的各个环节不同，在编制导学案的过程中可体现出学科的特点，也可以根据自己备课的要求适当删减或者添加一些导学案的环节。

(2) 评价导学案的最终标准是它的实践效果。

一个优秀的导学案应该起到以下作用：激起动机，激发想象；依据课标，开阔眼界；重视学法，培养能力；面向全体，层次多样；结构合理，操作容易。

(3) 导学案编制的其他要求。

导学案的编制分为两个阶段进行，第一阶段为试点阶段，试点阶段要求如下：

编制的学科范围：除室外课（体育）以外的所有学科。

编制的课型要求：所有的新授课。

编制的数量要求：语、数、外每周不少于 3 课时，物、化、生、史、地、政每周不少于 2 课时，音、美、微机、通用劳技实践等每周不少于 1 课时。其他具体情况具体要求。

第二个阶段为全面推广阶段，全面推广阶段要求如下：

编制的学科范围：除室外课（体育）以外的所有学科。

编制的课型要求：所有的课型。

编制的数量要求：每周按照学科实有的课节数量编写。

(4) 打印要求。

纸张可以采用 8 开或 16 开，根据导学案的内容安排，要求正反面打印，页眉和页脚提倡写上鼓励性的名言名句。导学案的正文可以用分栏的形式。打印所有的文字（除特殊符号和特殊要求的文字）必须使用宋体，标题原则上用三号字打印，正文用小四号字体打印，也可以根据文字的多少自己灵活掌握。

五、导学案的具体使用要求

(一)对教师的使用要求

1.备课要求

导学案不同于教师的备课,它只是教师备课中的一个组成部分。教师不能单纯地把导学案当成教案,而应对导学案进行个性化修改,融进自己的创意。教师可在导学案上进行创意备课,备课形式可以灵活多样。

具体要求:

(1)教师的导学案上要有教师授课的导入环节设置,这是教师备课中必须要补充的一部分。教师可以在导学案的基础案中"我的质疑"部分书写自己的导入设计。

(2)必须有学生基础案批改情况的反馈,即学情的具体记录与分析,以及学生小组得分的情况等。教师可以在导学案的基础案中"我的质疑"部分书写自己的学情分析。

(3)导学案要有教师圈点勾画和补充填写的痕迹,如授课环节中的题目,必须要有准确的答案,并且具有实用性。

(4)导学案不符合自己的教学要求,可在后面另加附页,写进自己需求的教案和学案,并粘贴在后面。

(5)课后,教师要在导学案上填写"教学反思",主要是对自己授课情况的反思,以利于导学案的修改与改进以及自己教学水平的提高。教师可以在巩固案"学后反思"部分进行书写。

2.授课要求

要求教师结合自己授课的实际情况,原则上要严格按照导学案的内容以及步骤进行,每节课必须有学生自主思考、合作探讨的时间和空间。要求每节课至少有5～10名学生回答或展示问题,每节课要经常表扬和鼓励学生。

进一步落实教师"三讲":讲重难点,讲规律方法,讲知识导入和总结梳理。"三评":评学生展示或有序参与,评易错、易漏、易混点,偶发讲评点。"三不讲":学生已会的不讲,学生自己能学会的不讲,不符合学科课程标准要求的不讲。

3.具体使用要求

导学案要求提前至少一到两天发到学生手中,以便于学生有充足的时间预习、思考。

【基础案】学生利用晚上回家的时间根据基础案进行自我学习。上课前,任课教师可将导学案收回,检查学生预习情况,掌握真实学情,预设课堂多种应对措施,保证点拨精当、简洁。

补充说明:如果课程安排在上午,教师没有时间及时批阅所有的导学案,可以采用抽测每一个小组同一层次学生的导学案的方法,给小组打分,便于小组评比,便于了解学情。也可以利用上课的时间进行统一的批阅,让小组之间或者是组内进行批阅,以进一步夯实学生基础。

【拓展案】按照事先设定的分层作业要求,特优生和优等生课前完成全部或者部分题目,其他学生主要是利用上课时间根据拓展案基本环节的设置顺序,在教师的带领下在课堂上进行小组合作、交流和展示。

教师对学生的学习及时给予点拨和鼓励。在学生探究结束后,教师可就本堂课的重难点组织学生以小组形式进行成果展示,并对展示的内容给予点评,也可让学生互相进行点评,教师给予补充和完善。

【巩固案】其中的检测反馈要求学生当堂完成,教师可以进行审查,可以组织学生互相批阅,或者是学生自己批阅等。课堂学习结束时,学生课后完成巩固案中的其他环节之后一并上交,由教师进行批阅;也可由学生相互批阅后再上交,教师进行二次批阅后,总结反馈学生的完成情况。在教师使用导学案的过程中,要做到有发必收、有收必批、有批必评、有评必纠。

4.导学案批改要求

导学案要求教师必须亲自批改,每一份学生导学案上都必须留有教师批改的痕迹,尤其是基础知识、基础检测、巩固提升等环节。教导处将采用定查与抽查相结合的方式对导学案批改情况进行检查。在期中、期末分两次定期检查,平时安排数次不定期抽查,并将抽查情况分优秀、合格、不合格三等计入教师的学期考核成绩中。

(二)对学生的使用要求

1.课前要求学生预习提纲

所有学生根据导学案内容认真进行课本预习,必须自行解决导学案中老师设计的全部内容,学有余力的学生可按导学案思路深入思考,或者是直接按照老师分层作业的要求完成拓展案中的部分内容,同时针对自学过程中出现的问题及时记录,以便在课堂上能够有针对性地提出问题,从而体现课堂的高效。任课教师课前检查。

2.课堂上要求学生做好学习笔记

要及时思考并做好记录,养成做笔记的习惯。可以是三案中解决问题的关键知识点,可以是自己有疑惑的问题,可以是老师点拨的重难点,也可以是知识点的梳理或知识的关联等。任课教师对学生笔记的整理采用抽查和泛查相结合的方式进行。

3.课后要求学生整理好积累本

首先学生应该针对每次课堂教学情况形成各个学科的“错题集”。其次学生应将各科导学案进行归类整理，装订成复习资料，并对学习中遇到的知识进行反思积累。这样每一学科的导学案就可以成为复习巩固的最好材料，从头至尾就是教师授课的再次展现，有利于学生复习巩固。学生一定要根据导学案上的编号有序收藏，不能遗失。任课教师也要定期组织检查，可以自查，也可以由学科小组长负责督促检查。

导学案是引导学生有效自学、指导教师高效教学的制胜法宝，旨在变教师为导师、变教室为学室、变灌输为探究，使学生真正实现自主学习、合作学习、高效学习，使课堂成为学生的舞台，使学习成为激情的展现。

六、导学案的实施保证措施

（一）导学案的管理

导学案的编制是学校的集体行为，由教导处负责指导、督促和检查，年级是落实主体，级部主任是本年级方案执行的第一责任人，年级组长是具体执行人，各学科备课组长是本学科导学案的编写组织者和执行人，全体教师是参与者和落实者。备课组要及时进行总结，每学期各备课组长要将本学科导学案的各项资料整理归档，将电子稿发到电教中心。年级组长负责监督和督促本级部导学案电子稿的收集和整理工作。

（二）改革考核制度

考核评价制度：由过去的单打独斗、个人竞争为主，改为现在的打造团队、捆绑考核为主。

从考核制度上发生了实质性的变化，备课组捆绑考核，鼓励组内合作，充分发挥集体的力量，避免组内能力内耗，保证最大限度地运用教师资源，取得最好的教学成果。

（三）导学案的检查及考核方法

学校教导处负责教师导学案的检查工作，将采用定期检查和不定期抽查的方法进行，检查结果将及时通报并纳入考核。检查采用每月一次定期检查和多次不定期检查相结合的方式进行，每个级部是一个考核小组，每次都将检查结果分为优秀、合格、不合格三等，学期末取教师导学案检查结果的平均值分计入教师的考核。如果导学案没有按照学校的要求去做，或者是没有及时完成学校布置的导学案任务，对导学案没有达到要求的备课组以及组内所有的个人实行任何评优一票否决制，即取消本学期所有的评优资格。从考核制度上切实保证导学案的质量。

（四）抓好过程

一是抓好三次备课。通过集体备课进一步明确课标要求、教材体系和教学内容，研究导学案内容，修订教学环节，在集体备课的基础上，教师结合自己的学情进行一次备课，做到成竹在胸；导学案初稿形成后要经过备课组内每一位教师的备课检验，发现问题后进行二次修改；授课结束后，通过教师的课后反馈进行三次修改，做到三次备课，确保导学案的质量。

二是抓好对学生的培训。让学生了解导学案，熟悉“学案导学”的一般过程，重点掌握导学案的预习、自学、互动交流等环节，帮助学生养成良好的学习习惯。

三是抓好过程性培训。定期组织教师互听、互评，上公开课、研讨课，研讨交流导学案操作的方法步骤，推进导学案的优化。

四是抓好导学案的使用。课前保证两检查：级部主任、备课组长检查教师的二次备课（即教案——结合导学案的教师备课），教师检查学生的预习情况。课堂保证四到位：教师引导点拨到位，学生研讨交流到位，师生互动到位，巩固训练到位。课后保证两反馈：教师的自我反馈要落实到教案上，学生的自我反馈要落实到导学案上。

（五）培植典型，示范带动

导学案使用过程中，学校教导处将发挥调研、指导、监督、评价作用，利用常规教研活动，搞好调研，发现问题，及时解决。在全面推广的同时着力培养一批骨干教师，及时总结他们的成功经验，发挥他们的示范带动作用，为其他教师提供便捷有效的学习途径，并利用公开课、观摩课、优质课、各级各类比赛等活动，加强过程性指导，优化导学案，确保课堂教学效益的提高。

探索小班化教学机制
打造具有新特点的管理模式

关于小班化教学，西方发达国家对其研究始于20世纪70年代末，以美国的研究最具代表性，并取得显著成就。20世纪80年代末，我国有学者提出班级授课制不利于对学生进行因材施教，不利于信息的反馈，压抑学生智力发展等问题，并提出"目前作为过渡时期逐步缩减每班学生人数"①的观点。自此，上海、江苏在全国率先进行"小班化"教育实验研究，到目前为止，上海、江苏高中教育已基本实现"小班化"教学全覆盖。

什么是小班化教学？对此，常常有人误解为就是班级的人数相对较少，固然这是小班化的一个特征，但绝不是小班化的本质特征。小班化教学是指为了学生全面而个性化的发展，在减少学生规模的基础上，开展教学活动的组织形式，最重要的是教学内容、模式、教法、评价手段等的变化及教育观念的更新。小班化教学，要求我们将更多的时间和精力放在教改上来，积极转变教学思路和教学方式，所以，小班化教学是教师在小班班集体中实施的适合小班学生学习的教学组织过程。

我们关注小班化，正是因为它带来的不仅仅是一个班级学生数量的变化，而是其背后教育观念和思想、教育方式和方法的变化。从一定意义上来说，高中小班化教学是适应新的教育发展要求而出现的，负载着教学组织形式改革的新理念。

一、关于小班化教学需要思考的几个问题

小班化教学在我校已经走过了4年，问问自己：到底小班化教学给教师和学生带来了什么样的变化？反思的结果让人有些惶惑，因为我们教学的整体状况并没有发生太大的变化；反思的结果也让人有些安慰，毕竟我们率先走出了这一步，很多的经验教训正在逐步积累成为理论。

因此，在理论的积累过程中有必要思考以下一些问题：

---

① 杨中枢.我国小班化教学研究综述[J].教育研究，2012(4).

(一) 我们为什么要实施小班化教学呢?

高中小班化教学的实施是教育本身的必然要求。当前,普通高中改革有两个基本趋势:一是基础教育与高等教育的衔接将发生重大变化。高中学校与高等学校的衔接由分数衔接到多元对接(分数、兴趣、特长)。二是选课走班、分层教学将成为新常态。这对学校的教学组织、学生的学习状态乃至校园文化都提出了新的要求。推进基础教育尤其是普通高中教育走向小班化是一项值得研究和实践的课题。

从学生角度而言,中学阶段是人生的黄金阶段,正是学生的人生观形成、学习习惯养成的关键时期,在此阶段发现和挖掘学生的特长、兴趣和爱好,对于启迪他们的科学意识和创新思维,培养他们的探究精神和实践能力至关重要。如何使每一个学生得到充分发展,充分发挥每一个学生自身拥有的独一无二的潜能,是教育的核心问题。这些在普通的大班里很难办到。实验表明,教师的视野只能监控到30人左右,这是教师关注的最大值。只有规模控制在30人左右的小班才能为我们关注每个学生提供可能性。由于人数的减少,教师可以分配给每个学生的关注增多,学生得到的课堂资源也相应地增加,师生交往的频率增大,有利于增加师生的互动合作和情感交流,有利于教师更好地了解学生,有针对性地进行教学设计和个别辅导。据有关数据统计,小班化教学比起大班教学,学生人均占有发言时间要高3倍以上,师生间、生生间的交流时间人均占有量要高5倍以上。另外,小班化教学有利于使每一位具有独立人格、活生生的学生个体最大限度地激发学习兴趣,帮助每一个学生去发现自己的价值,发展自己的个性和创造性。这种对个体受教育充分程度的关注是一种教育公平与教育人文精神的体现,这正是我们现代教育努力追求的方向。

(二) 高中阶段实施小班化教学能否取得最好的效果?

美国教育专家格拉斯提出了班级教学著名的"格拉斯曲线图",即班级规模与学生学业成绩和感情收益之间成反比。如图所示:

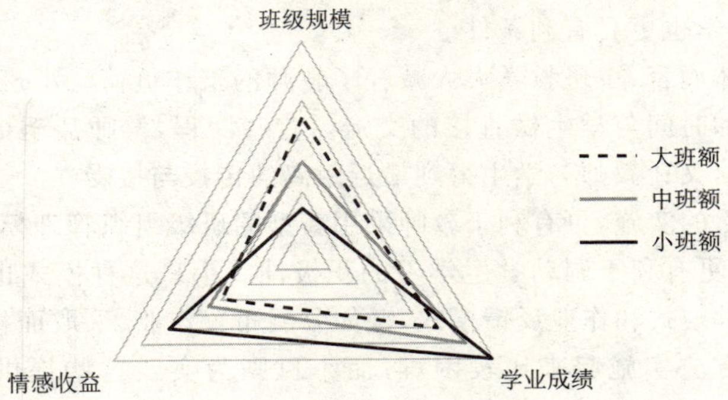

目前，小班化教学在美欧等发达国家已经深入人心，并取得了相对成熟的研究成果，这对我们刚刚起步的探索有很大的借鉴意义，并应该成为我们的发展方向。

随着高中新课改的不断推进，新课程理念和价值观逐渐深入人心。鉴于新课程理念对学生个性发展的追求，高中教育要把高中生从“考试教育”中解放出来，使高中生被束缚的心灵重获自由，从选择中学会选择，在主动学习中实现个性的全面发展。高中小班化教学有利于学生的个性化发展，并且，小班化的实施有利于高中各科选修课程的设置，更有利于学校在课程结构设置方面具有主动权。可见，高中小班化教学将是高中教育发展的总体趋势。

高中小班化教学的实施将原本一潭死水、枯燥乏味的高中课堂变得精彩纷呈。

（三）高中小班与大班相比具有哪些明显的优势？

高中小班化教学保留了传统班级授课制的优势，同时避免了传统的大班额必然带来的不能充分适应学生个性差异，无法照顾每个学生的兴趣、爱好，从而导致学生的个性化培养受到忽视的状况。小班化教学带来的对个体受教育充分程度的关注体现了教育上的人文关怀，单纯学生数的削减并不是真正意义上的小班化教学，小班化教学的核心在于实现以人为本，这为传统班级授课制注入了新的活力。

在教学过程中，小班更有利于“阳光普照到每一个孩子”。教师更多地关注教室中的每一个学生。30 多个人的班级就为我们关注每个学生提供了可能。在这样的课堂里，学生的言行举动甚至是学生的表情变化都逃不过教师的视野。这样，教师对课堂的管理可以得到较好的调控，学生走神、做小动作等行为将大大减少；并且在小班，教师可以根据学生的反应及时调整教学行为，使“从每个学生的学情出发”不再是一句空话。更重要的是，每一堂课每一个学生都有参与课堂讨论的机会。大班教学中，那些性格内向、不善言谈的学生往往淹没在大班的人群中，得不到教师的关注。由于教师群体的忽视，大班中有一部分学生经常因此丧失对学习的兴趣，这不符合教育公平的原则。而小班化教学虽然说不能体现绝对的公平，但教师对每个个体的关注、对每个学生的期望显然能做得更好。在调动学生的积极性方面，小班教学也更具有利条件。

对教师群体而言，小班教学大大减轻了教师的工作负荷。小班教学中，教师完全可以有空间和时间与学生做直接的交流。有些课程，教师甚至可以坐在学生中间，既有亲和力，又让教师与学生得到最近距离的传授与接受。

小班化教学的实施，更有利于教师采用新型的班级组织管理模式，这将大大改善班级的氛围，更有利于调动学生学习的积极性。小班这种模式也有利于教师采用新的课堂教学模式和作业反馈模式，譬如分层布置作业、采取面批形式等。在大班教学中这些方法实施起来比较困难，而小班则为实践这些提供了一个很好的平台。

小班教学有利于新课程的实施，更好地体现教育均等、以人为本、因材施教等教育理念。

高中小班化教学的实施，使原本单一而简单的班级授课制变得更复杂了，这意味着对教师的素质提出了更高的要求，意味着我们必须更多地去创造。

二、小班化教学对教师素质提出了新要求

小班化教育专家毛放教授说过："小班化教育是以提高每一个学生接受教育的充分程度为目标指向的教育。"这正是我们实施小班化教学的终极目标。小班化教学成功的关键，是教师的教育思想和观念的转变，进而带动课堂教学方式和方法的改变。正如有人所说："一个大班教师可能毁掉一部分学生，一个小班教师则可能毁掉每株幼苗。"小班的教师肩负更艰巨的使命，小班化教学也对教师提出更高的要求。

第一，教师要积极学习和掌握新课改理念，探索新的教育理念、教学方法和教学手段。教师作为学习活动的组织者和引领者，必须做到"常教常新"，不断学习，丰富知识，提高自身专业素养和科研能力，勤于思考，精心钻研，在和学生平等对话的合作互动中，加强对学生的点拨和指导；教师要根据自身的特点，发挥特长和优势，努力形成自己的教学风格和特色；教师要提高自己的观察能力和组织能力，从学生的需要出发，改变心态，降低身段，树立服务学生的意识；同时通过不断研究学生，探索适合自己的教学模式，在小班化教学中开辟出一片全新的天地。

第二，教师要能够进行创造性教学，培养思维活跃、实践能力强的学生。著名教育家吕叔湘说："成功的教师所以成功，是因为他把课教活了。如果说一种教学法是把钥匙，那么，在各种教学法上，还有一把总钥匙，他的名字叫作'活'。"小班化教学因为人数少，更具备使课堂活起来的条件，关键是教师要积极探索使课堂活起来的教学方式和方法。因此教师要认真备课，了解学生需要什么，尤其要突出学生活动、个性指导两方面的设计，做到活动环节意外情况尽在掌握之中。另外，"活"的课堂要注意课堂的生成。教师要善于从教材中挖掘有思维价值的话题，组织学生依照"自主、合作、探究"模式进行探究，然后进行思维交流和碰撞。

第三，教师要注重教学内容的广度和深度，使教学更有实效。也就是要求教师所教内容应该具备一定的拓宽功能，使学生具备一定的探究能力，从而培养见多识广、具有探索创新能力的学生。根据新课改理念，教学应该为每一个学生负责，教学的深度和广度应由学生决定，教师要做到因材施教。面对认知水平各异的学生，如何裁定适当内容以满足每个学生个性化需要，不至于出现接受能力好的学生"吃不饱"，理解能力差的学生"吃不了"的现象呢？小班教师要善于利用这对矛盾将学生分成不同的学习小组，既有利于学生自主学习能力的提高，也有助于学生交际能力的培养。同时，要增强小班化教学的广度和深度，还要注重培养学生的质疑能力。爱因斯坦说过，发现一个问题比解决一个问题更重要。充满质疑的课堂反而

是一个广域的课堂。另外，为了达成不同的学生有不同的广度和深度，教师对具体学生要进行适当的个别化指导，来增强每个学生的知识的广度和深度。

因此，学校非常重视师资培训，而且重点关注教师的经验与实践，通过各种考评手段激发教师参与教改的积极性与主动性，促进教师在小班化教学背景下的观念与行为方式的变革，通过课堂落实新课程理念，提高小班化课堂教学的效益。

学校通过研训结合的方式对师资进行专业化培训提升。学校积极营造民主、开放、多元的小班化教育教师学习氛围，尝试建立以备课组为单位的理论学习制度；每个小班的教师都要写一篇教育随笔，每学期上一堂研究课，撰写一篇课题研究小结或小班教学教育案例；进行跨年级、跨学科联合研修交流；探索建立教师发展性的评价激励机制，进行由专家引领下的小班化教育师资培训研究，进行小班化教育研究。

学校还给一线教师搭建交流平台，营造和谐互动的学习环境。以班级为单位定期举办小班化教育研讨会，加强学科教师间的沟通与交流。每一个教师作为学习者、实践者、研究者，带着自己的小班化教学体会、实践感悟及实践中遇到的问题来共同切磋、探讨，寻求解决问题的策略。以班级为单位，形成小班化教学研究的团队，促成不同团队之间的合作交流。在这样和谐互动的氛围中，教师们通过集体听课、说课、评课，互相学习、互相交流，共同探讨小班化教学背景下教与学的方式，探讨教学艺术，分享教学成果，在思维碰撞中切实领悟小班化教学的内涵，在不断反思中获得新的教育智慧。

同时，班主任之间也进行工作管理经验的探讨与传递，新老搭配，既竞争又合作，共同提高班级管理水平，促进整个年级段的良性循环。

学校还有意识地进行课题研究引导，组织一部分感兴趣的教师先期进行小班化教育教学研究，不搞全盘突击。这些措施有效提高了学校教师小班化教育教学理论素养和实践教学能力。

在借鉴外省小班建设经验的基础上，我校对于任课教师采取三步培训法：

第一步：明确小班化教学的优势或特点。

主要解决以下问题：

(1) 什么是“小班”？

(2) 小班化教学课堂教学优势体现在哪些方面？

(3) 小班化教学课堂教学形式、方法与手段有哪些新的特点？

(4) 高中小班化教学的课堂教学主要有哪些教学方法？

(5) 高中小班化教学对教师素质提出了哪些新的要求？

(6) 高中小班化教学中，师生关系有何改变？

第二步：熟悉小班的备课流程和教学环节。

主要解决以下问题：

(1) 高中小班化教学如何备课、上课？

（2）高中小班化教学情境如何设计？

（3）高中小班化教学目标如何把握？

（4）高中小班化教学背景下教学主体如何确定？

（5）高中小班化教学内容如何选择？

（6）高中小班化教学背景下教学作业如何布置？

第三步：完善评价体系。

主要解决以下问题：

（1）课堂教学是否面向全体？每一个学生是否都有发言、表现的机会？

（2）教学中是否体现以分组合作教学为主的形式？小组长如何组织讨论、交流、评价？学生讨论汇报能否体现小组的训练效果？

（3）教师是否在教学中实施了个别化指导？是否对学有余力的学生进行因材施教，让他们“吃饱”“吃好”？是否关注和帮助学有困难和不愿回答提问的学生？

（4）师生融洽程度和交往的密度是否增加？学生讨论时，教师是否关注到所有学生全部参与讨论？是否围绕主题展开有效讨论？

（5）课堂是否生动活泼？教师是否给予学生自主学习的时间与空间？

具体措施是：

（1）发现问题——教师在小班化教学实践中，发现小班化教学中出现的问题，选择大家共同感兴趣的问题。

（2）交流研讨——教师在教学观念的交流中提升教学理念，进行深层次的思考，找到解决问题的途径。

（3）方案设计——教师要了解所要研究问题的症结和关键，在专家的指导和教研组内教师的合作帮助下制定解决问题的方案。

（4）行动实践——根据研究方案从不同的观课视角进行教研组内分工，合作开展小班化教育教学实践和探索。

（5）自我反思——教师不断反思自己的教学行为，提升教学理念，激发进一步研究和发展的欲望。

在课例研究过程中，教师把课堂教学视为自己学习、实践、研究的场所，在学习中实践，在实践中学习，在教学中研究，在研究中教学。在此过程中，教师不断反思自己的教学行为，重组自身的知识结构与经验，自觉把日常教学与研究工作融为一体，形成一种新的教师职业方式，自主发展，不断适应课改需求。

课例研究的开展，能够提升教师的教学理念、科研意识，切实提高教师的校本教研能力，也能够提高高中小班化课堂教育实效。在课例研究过程中，教师既是实践者，又是学习者、研究者，更是创新者。

三、小班化教学取得的成绩

从2014年起，在借鉴北京、上海等地先进经验的基础上，每个年级拿出2～4

个班级开展“小班化”重点学科走班教育试点工作。四年来，我们在每个级部都成立了“北大之星创新实验班”，班额 36 人，从 2014 年的 2 个班扩大到后来的 4 个班，目前共建立了 12 个小班。我们努力做到关注每一个学生，为他们量身定做教育方案，有效实施个性化学习指导，成果较为明显。

在教学细节上尤其值得一提的是，我校在“小班”进行“整本书阅读”海量阅读活动，以《红楼梦》的阅读带动其他文学作品的阅读，注重初高中阅读内容的衔接。结合北京大学教授推荐的 50 本书和学生实际，高中阶段主要阅读一些有影响、有深度的文学、史学、哲学和心理学作品，如《百年孤独》、《平凡的世界》、余华系列作品、张爱玲作品、《社会契约论》、《时间简史》、《万历十五年》、《三体》等。多次开展了由北京大学专家引领的读书报告会，在三个级部的北大班每月开展一次，共举办了八次。先是五次主题阅读“命运”“选择”“生存”“爱”“科学”，后面三次为自由交流。学生提前上报读书计划，之后进行阅读，写读书报告，由教师批改，教师提出建议，学生修改，师生面谈交流，读书会上学生分别上台展示，师生交流提问，教师总结，布置下次内容。为了有效指导阅读，教师先通读读书会涉及的书目。交流过程中，教师或补充，或解答，或发表个人看法，或启发学生深度思考。阅读活动激发了学生的阅读兴趣，在班级中形成了浓厚的阅读氛围，如肖正康分享余华的作品《许三观卖血记》读后感，师生共同讨论，气氛热烈而融洽。北京大学专家引领讨论《平凡的世界》时，语文老师干脆坐在学生中间参与讨论。别具一格的读书会，培养和提升了学生的价值观和批判性思维。

阅读和写作密不可分。阅读完整本书后要写读书报告，学生有感而发，少则下笔千言，肖正康、张欣硕、姜昱同等学生往往写上万字。学校出版了北大班读书报告集《星光熠熠》。“读书破万卷，下笔如有神。”学生积累多了，写作热情就高涨了。肖正康出版了文集《采墨有声》，王帅成了小有名气的网络作家，班中 19 人在《烟台晚报》发表楹联作品，2017 级毕业生中有 120 多人次在各级各类征文比赛中获奖。

总的来看，四年来，小班学生进步显著，95％的学生在学习过程中对比自身中考全区位次全面提升。在 2017 年的高考中，首批参加高考的两个小班高考成绩优异，本科上线率 100％，自主招生控制线上线率 97.2％。他们中的很多人都进入了“双一流”高校学习，是我们小班化教学的成功案例。

点面结合，探索优尖生培养模式

“为什么我们的学校总是培养不出杰出人才?”著名科学家钱学森的“世纪之问”提出了一道艰深的命题，需要整个教育界乃至社会各界共同来破解。尤其是当前，随着科学技术的迅猛发展，对创新人才的需求越来越迫切，探索拔尖人才培养的模式，已成为中学不可回避的重要课题。回看烟台市优尖生培养现状，考上北大清华的学生凤毛麟角，呈现出粗放式、广种薄收的局面。

用发展的思路解决发展中的问题是烟台四中基本的工作原则。烟台四中不忘社会责任感，紧跟时代步伐，在推进小班化、努力关注每个学生的同时，探索创新优生培养模式，既要全面抓、抓全面，又要理直气壮地培养尖子生，抢占高考质量制高点。

2013 年 10 月 7 日，北京大学在山东省与中学合办的第一个实验校“北京大学优秀创新人才培养实验校”揭牌仪式在我校举行。这是烟台四中办学历史上一个具有里程碑意义的重要事件，标志着烟台四中在办学思想、育人理念方面找到了一条既契合教育规律又富有特色的发展之路，也标志着我校优生培养探索的开始。

烟台四中建校时间较短，且地处城乡接合部，生源质量一直不高。成为北京大学优秀创新人才培养实验校，使烟台四中的教育品牌更具价值，促进了生源的优化。俗话说“火车跑得快，全靠车头带”，榜样的力量是无穷的，生源优化了，我们四中的教师就要学做“牧马人”，善于抓好“头马”，以点带面，全面发展。

具体如何促进优尖生的培养？我校进行了以下探索：

第一，充分利用北京大学专家资源，听取专家意见。

首先，在“头马”的选拔上，北京大学专家组为我们提供了先进的评价量表，对烟台四中的优秀学生进行综合素质测评和学科成绩比较，把真正有创新思维潜质的学生遴选出来，组建“北大之星”实验班。依据高中课程标准，结合高校人才选拔的要求，一对一地实施个性化学习指导。在教学内容、学生生涯规划、学生综合素养培养、学习方式、学生网络拓展课程、自主招生考试指导等诸多方面，都有着特别的举措。

其次，学校成立了烟台四中基础学科拔尖学生培养办公室，针对全国卷新高考、高校自主招生、学科竞赛进行研究。另外，聘请北京大学副教务长吴宝科、北京大学数学系书记刘化荣、北京大学物理系副书记陈晓林、山东省物理协会秘书长张承琚等专家教授入校，组织各科的专家团队，与优生面谈，指导竞赛、自主招生等。在专家的精心指导下，制定出科学系统的优生培养计划，让师生紧跟大师成长。

第二，学校确定了“培优三字”方针，即“难”“严”“大”。“难”是指在知识传授和能力培养方面，要高于课程标准的要求；“严”是指要对尖子生的思想、学习、生活、心态进行全程关注与严格要求，切实做到精益求精、精雕细刻；“大”是指从实战需要出发，进行有难度、多角度、有思维含量的大量训练。

第三，积极拓展升学渠道，抓好自主招生指导工作。

《国家中长期教育改革和发展规划纲要(2010—2020 年)》《山东省深化考试招生制度改革实施方案》都提出“要扩大高校办学自主权”。2020 年山东省将全面进行高考改革。2018 年山东省内 9 所重点高校试点综合评价招生；另外，全国职业技能类高校招生制度改革也将扩大单独招生比例。总之，各级各类高校办学自主权越大，自主招生越多，学生靠裸分考名校的机会就越少。我们对近年来山东省的自主招生情况进行了分析：以北京大学和清华大学为例，在不到 150 个录取名额里，只有三分之一左右的学生凭借裸分被录取，其余全部来自自主招生、保送生(国家集训队)、农村专项等。全国其他“双一流”名校招生比例和结构亦是如此。在山东省 13 所百强中学中，每年获得自主招生加分的在 1 300 人左右，其中泰安市一中多达 200 人，位居第一。这一所学校获得的自主招生加分人数甚至比一个市的还要多。因此我们想，泰安一中能把自主招生做得如此风生水起一定不是单单凭借生源优势，更主要的是把握政策、开拓渠道、选好方法。

通过对各高校自主招生的研究，我们发现提得最多的就是创新潜质和学科特长。为此，我们提出了烟台四中自主招生的总体思路和做法：发现特长，量身打造，个性化指导。“三抓”：一抓竞赛，二抓特长培养，三抓高校对接。

抓竞赛：前面已经提到过学校成立了基础学科拔尖学生培养办公室，专门针对全国卷新高考、全国重点高校自主招生、竞赛＋自主招生考试进行研究。针对高中学校与高等学校衔接由分数衔接到多元对接的发展趋势，聘请了北京大学专家教授入校指导竞赛、自主招生工作。

抓特长培养：根据不同年级特点合理规划自主招生辅导内容。学生根据自己的实际情况，分年级完成学科特长竞赛、科创、专利奖项以及在省级期刊上发表论文等自主招生报考准备。目前我校有 80 多人次在物理、数学、生物、化学奥赛中获奖，其中有 30 多人获全国奖项。2014 级学生勇思骏进入 2016 年夏天清华数学营。2015 年烟台四中正式成为“全国中小学生创新作文大赛基地校”，享有校长实名推荐晋级北京大学总决赛资格。在 2017 年 8 月 7 号结束的北京大学总决赛中，我校获得全国一等奖1人、全国二等奖9人、全国三等奖5人的好成绩，被大赛组委会评为“全国十佳示范学校”。另有13人在“圣陶杯”“语文报杯”全国作文大赛中获全国一等奖，30多人获二等奖。在2018年6月的第二十届“语文杯”作文大赛中，获得国家级特等奖的有1人，获得全国一等奖的有1人、二等奖的有1人。2016年4月10日，烟台四中成为应用物理竞赛山东赛区烟台唯一考点，2017年取得了8人夺得全国一等奖、15人获全国二等奖、25人获全国三等奖的全省最好成绩！在2016年全国创新英语大赛中，15人获全国奖项，其中5人获全国一等奖，35人获华北赛区奖项。2018年6月份结束的全国创新英语大赛复赛中，我校39人荣获华北赛区一等奖。2017年，烟台四中成为全国“陈省身杯”高中数学奥林匹克竞赛（山东赛区）烟台唯一考点，这是我校数学教科研中心培养指导数学特长生的成果在此领域的认可。成立了创新社团，帮助学生获得全国专利证书，我校现有王云扬等17人次获得实用新型国家专利证书。

抓高校对接：我们积极到全国名校联系沟通，争取他们的支持和帮助。2016年，我校成为中国医药科大学、南京农业大学优秀生源基地，2017年4月，复旦大学、南京大学、东南大学、河海大学、同济大学、苏州大学等11所名校到我校指导优生培养和自主招生工作，2017年12月1日，南开大学、山东大学、江南大学、四川大学等15所名校到我校讲座咨询。

每年高考之后，所有参加自主招生的学生要奔赴各个大学的自主招生考场。这时候本该轻松的高三办公区却是最忙的。学校教师和聘请的自主招生专家，针对各个高校的自主招生特点，对学生进行分学校、分学科的个别指导，最忙的一天要动用12个专家和教师。在2017年的自主招生工作中，有56名学生通过93所高校自主招生初审，最终14名学生获得加分与优惠，还有8名学生入围山东高校的综合评价招生。其中，肖正康同学获得北京大学博雅计划30分加分，最终以高考696分的成绩被北京大学录取。高考结束后，我校收到北京大学闫保桦教授的贺信，他在信中说：“欣闻烟台四中在2017年高考中实现了历史性飞跃，‘北大之星’创新实验班结出硕果，这些成绩的取得绝非偶然。以肖正康同学为例，我见证了肖正康高二、高三每一次重要考试成绩的变化以及学校对其成绩波动的分析，见证了他申请、参加北京大学博雅人才培养计划的整个流程……可以说，肖正康等四中优秀学子在通向高校自主招生之路上享受的资源和学校的重视，是在其他学校很难看到的……‘北大之星’班只是烟台四中教书育人理念的一个缩影，这些成就的取得，与四中人锐意进取、追求卓越的气质，科学计划、积极应对的态度密切相关。”可以看到，烟台四中的教育，不仅是书本知识的灌输，也是社会责任和家国情怀的培养。这种追求，绝不仅仅是几张考卷能够完全呈现的，它让四中的学子获得了更加全面的培养，也因此在自主招生的舞台上大放异彩。

新形势、新改革赋予我们更多的新使命。正如狄更斯所说：“这是最好的时代，这是最坏的时代；人们面前应有尽有，人们面前一无所有。”好坏、有无的关键是我们能否抓住机遇。今后我们将契合时代发展要求，努力做到“三个坚持”，即坚持小班化，坚持教学改革，坚持自主招生，争取让更多的学生享受到教改的成果，主动赢得更加出彩的人生。

案例 1

高中数学小班化教学方式的变革

高中数学小班化教学，因为人数少，课堂上学生提出的各种话题，其中心地位得以凸显，与新课程理念和观点结合，不断改变着教学行为。本文对课堂教学、作业设计、个性化辅导这三个小班化数学教学环节的改变进行总结。

一、能动与带动，为学生主动学习提供了必要条件

涌动的课堂，讲解问题时，有的学生会跑到讲台前，蹲着倾听，随时到黑板上发表自己的见解。这种课堂生成性话题，直接指向学生的思维意识，在人数较少的前提下，师生间的对话更加平等，改变了大班教学中教师一言堂和课前设置问题，只为了更好地引向答案的一问一答状态。思维快的带动慢的学生，促使学生对预习的态度产生极大转变，“为了避免新课跟不上，我得好好预习”，学生的学习习惯在逐渐改变，也适应了学案导学的方式。学生可以做到“四个先”：先操作、先提出问题、先讲说、先归纳。这“四个先”，可以把学生带入勤奋学习、独立思考、自主探索的氛围之中，这种主动学习的过程正是发挥主体性的体现。小班化教育更易实现“自主、合作、探究”式的学习方式，能培养学生受用一生的良好学习方法，也就是定位于学生终身发展。

二、导学案先行，整合教材，优化课堂，打造提效增速的教学环节

（一）创造性地使用教材和其他有关资料，建立起学科间的联系

课本中《生活中的优化问题》一节的例题，学生会解答，创设一节“数学史视角下的生活优化问题”，通过对不同饮料易拉罐的设计相同的研究，创设一个类似于数学家研究探索的模拟情境，延伸到开普勒对酒桶设计的研究；最佳线路铺设问题方面引进的例题在物理竞赛中有15种解法，这需要教师具备跨学科的能力，并能耐心倾听学生用物理方法解题的思路；学生始终处于最中心的位置，最终引导学生研究费马点的设置，体会到如何用数学的视角在生活中发现问题、解决问题。这种源自于生活，既有深度又有广度的课，是在了解学生对教材掌握程度的基础上进行的，教师通过查找资料，促进了专业发展。同时，教师作为一种能动性资源也得到了体现。

在教学过程中建立起一种多元思维，允许学生对教学内容进行个性化解读，对教师进行质疑。

（二）目标有限性

教师既要关注教学目标的整体性，也要能够合理地把教学目标细化为具体、可操作的教学行为。利用“题根”式教学，注重向学生展示“解题思路的生成过程”。借助例题，进行问题图式的训练。所谓问题图式，指的是解决问题的图式，如“求导，判断正负”便是解决某类函数单调性的图式。问题图式的训练原则是：一是要提炼具体问题的解决规则；二是要提供多种变式情景，让学生形成对解决问题规则的具体体验；三是在变式训练过程中，要不断进行规则的概括和比较。问题图式的训练不仅仅包括问题的分析、解决的过程，还包括对问题解决的反思、概括和提高的内容，将解题教学落在实处。

三、小班化教学，有利于学法个性化指导

对于努力寻找思路的学生来讲，一次具体的指导远胜于一句简单的否定，无论是课堂的巡视指导，还是作业批改的“面批”，都是如此。给一名数学学困生课前讲解课上要解决的题目，使他上课前率先了解解题思路，帮助他建立学习数学的信心。

（一）情感交流

小班化教学中，每个人都是课堂的主人翁，谁都不是旁观者。自编题的使用，激发学生探究的热情。轮空的组为回答的组判别对错，教师肯定“数学运算是艰苦的”，让学生们为算出来的同学鼓掌喝彩。学生体会到成功，是他们投入学习的最根本的动力。

（二）考前“温馨小贴士”

定制一个本子，每位学生一页纸，记录学习生活中的点滴。

数学成绩120分以上但懒于积累的学生，用一句话概括错误，如“参数方程未注明θ是参数”“单调性不关注定义域”，放在档案本上。有改错习惯的学生，积累错题并进行一句话反思。对于数学不及格的学生，明确每一次测试能得分的题目，明确重点，缩小范围，集中火力，攻下一座“碉堡”，插上一面红旗。若也让他们进行错题积累，就好比补渔网，他们本身对数学反应慢，又是作业，又是改错，忙不过来。考前将一句话反思读来，给予提醒，问一句学困生在题目中确定的“碉堡”，帮助他们把握重点。

（三）假期“远程答疑”

假期学生在网络上提出问题，学优生提出竞赛问题，学困生提出作业问题，教师给予及时引导与解答。

四、作业的多样性

小班化数学作业设计强调作业设计的多样化、分层化、融合化：

(1) 必做作业为典型题目2～3道，集中于作业本上，规范步骤的同时，积攒下复习资料。

(2) 可采用章节知识网络、从知识骨架到“毛细血管”的例题展示或论文形式展现对于一章学习内容的理解。

(3) 学习立体几何伊始，请学生们做几何体模型，放在展台上。课堂上需要模型时，可以拿来观看，最终看看谁的模型用得更多。

(4) 一日一题，重视解题中的思维过程。分享思维解题训练的过程是开发数学智慧的过程，学生应100％地参与。

(5) 作业分层次。对于学优生，要求难题会做，备有同类练习题，可用于上课思考；对于学困生，选做作业先听后整理，也有所获。

高中数学小班化教学，教师的教法是建立在学生的学法指导之上的，教法是学法的导向，学法是教法的目标。提高数学素养的同时，学生的主体地位得以进一步突出，学生的交往能力得以进一步培养，学生的个性潜能得以进一步发挥。同时，教师也对小班化数学教学理论研究、小班化数学教师教学工作、小班化数学课程开发工作进行了反思，并提出改进的对策。借助预习前置优化合作任务分配，提高合作效率；采用问题引领开展合作学习，发挥教师引领者作用，提高合作效果，以高中数学学习为载体，引导小班学生“爱学、学会、会学”，培养学生终身学习的习惯。

（鞠晔）

案例 2

小班化教学心得体会

在过去的教学中，早已听过、见过小班化教育的优越性，当自己也成为真正意义上的“小班”的语文教师后，更亲身感受到了小班化教学的精妙与乐趣。实践证明，小班化教学是将新课程理念真正转化为有效教学行为的最佳途径之一。

歌德说：“一棵树上很难找到形状完全一样的两片叶子，一千个人中也很难找到在情感上完全协调的两个人。”个性是一种客观存在，是一种价值，世界的丰富多彩、人类的千姿百态也正源于此。而个性化教学正是在新课程理念“为了每一位学生的发展”的驱使下，为学生选择的一种理想化的学习生活，所以个性化教学与人的发展是密切联系的。而分层教学就是在小班条件下实施的个性化教学，促使学生在不同的基础上都得到充分的提高和发展。

那么如何才能在课堂教学过程中根据学生在学习能力、学习速度、学习风格上的差异进行教学呢？如何在小班化课堂中实施分层教学呢？结合在小班化教学中的实践，笔者将探讨分层教学在小班化课堂中的运用。

分层教学是依据学生的知识能力和兴趣爱好的差异将学生分成不同的层次，教师根据不同层次学生的智力或学业的实际水平进行教学。简单地说，就是对学习优秀的学生要求相对高，对学习困难的学生要求相对低。这种教学在实施中有一定的难度。首先，加大了教师的压力和工作量，因为分层教学要求教师不能再一个教案用到底，而要改革课堂教学模式，精心设计课堂教学活动，并针对不同层次的学生选择恰当的方法和手段，了解学生的实际需求，关心他们的进步，充分调动学生学习的主动性，营造良好的课堂教学氛围，形成成功的激励机制，确保每一个学生都有所进步。其次，分层会使部分学生产生自卑感，对家长来说是“没了面子”。

可见，做好学生及家长的工作尤为重要，要使学生和家长充分认识到分层教学有利的一面，正确对待层次的划分，防止产生消极的心理效应。

一、全面了解学生，对学生分层次组合

由于学生在基础知识、兴趣爱好、学习方法、智力水平和接受信息能力等个性方面上的差异，必须对学生进行合理分层。全面了解学生是对学生进行合理分层的前期准备工作，可采取的了解方式有：一是进行家访，了解学生在家的表现和家庭的情况，如学生家里的学习环境、在家的学习时间及家长是否愿意主动地参与子女的学习等；二是进行问卷调查，了解学生在学习上的各方面情况、心理健康状况及兴趣爱好等。

教师在充分了解学生的基础上，采取学生自报和教师建议的方式，针对学生学习可能达到的水平，将学生分为相对稳定的若干层次。通常可分为A、B、C三个层次：A层，学习兴趣浓厚，爱好广泛，求知欲强，有扎实的基础知识，学习成绩优异；B层，智力因素好，有可挖掘的潜力，但在学习上缺乏刻苦精神，学习兴趣时高时低，造成学习成绩不稳定；C层，智力因素和非智力因素相对差些，基础知识薄弱，成绩不理想。以上层次只是相对稳定，并非一成不变，只要学生有进步，就会及时做出调整，以鼓励学生不断努力，向上一个层次靠拢。

二、课堂教学分层

分层教学要求面向全体学生，让每个学生的实践能力、创造能力、自主学习能力、自我发展能力得到培养和锻炼。因此在教学过程中，学生的思维活动的积极性和主动性不仅要靠教师的循循善诱、精心启发，更重要的是教师在备课时，要针对各类学生的实际情况，制定出适合不同层次学生的教学目标、过程，使每个学生都在原有的基础上进行有效、成功的学习，能在不同的程度上都有所收获，主要是获得知识的成功感，从而使一些落后的学生不再自卑，重拾信心。

（一）教学目标分层

教学是师生围绕既定目标而进行的双边活动。在教学过程中，教师为目标而教，学生为目标而学，教学目标是教学活动的出发点和归宿。所以教师要依据学生现有的知识水平和潜能发展状况，为各层次学生制定相应的课堂教学目标，一般将课堂教学单元划分为基本目标、中层目标、发展目标。基本目标指的是要求全体学生掌握基本概念、基础知识及其简单应用；中层目标指的是要求大部分学生即中高层次的A、B类学生能够运用所学知识进行比较复杂的分析与运用；发展目标指的是要求A层学生能够对知识进行综合及复杂的分析，并可以灵活运用。

（二）教学过程分层

针对统一的教学内容，不同的教学目标决定了课堂教学过程的层次性。这既适应了学生认知水平的差异，也符合教育要面向全体学生的理念。

首先，充分利用每节课20%的时间来解决共性部分，即教师对知识点一类的教学内容进行统一授课，为学生的进一步学习奠定基础。

其次，利用70%的时间进行分层教学。基于学生认知结构与认知水平的差异，可以分两步安排教学。第一步，让A、B类学生依据自学提纲（自学提纲包括知识点提示、学习方法提示和需要思考的问题及相应提示，提纲内容应循序渐进，做到“放中有扶”，体现学习的自主性）自学；C类学生在教师的指导下学习，在指导的过程中，教师要充分考虑到C类学生的知识水平，把自学提纲中的问题具体化，降低难度或者采用梯度设问的方式，问题由易到难，由简到繁，螺旋上升，引导学生一步一步地沿着阶梯向上攀登，逐步掌握知识技能。因C类学生的水平也并非整齐划一，所以这种方式可以让每一个学生都能明确自己的高峰在何处，通过努力都可能获得成功。同时，在指导过程中还要做到“扶中有放”，要激发学生自主学习的积极性并留出小部分时间让学生自己思考和解决问题。如果学生遇到困难，教师要及时加以引导。第二步，在对C类学生指导训练的基础上，教师要编制更为具体的自学提纲，让C类学生自学，对A、B类学生进行拓展性讲解，引导学生实现自我突破，使其知识水平和学习技能更上一层。

最后，利用10%的时间进行总结。主要包括两部分：一是对学生反馈的学习情况进行点评；二是教师对本次课的知识进行梳理，再次强调重难点。

在分层教学的过程中要注意使用分层问答策略。在以往的课堂教学中，教师对提问对象的选择往往具有随机性，主要以学生是否举手作为选择标准，以得到问题答案为目的。这样的问答方式，使得大部分中等学生、后进生处于旁听状态，课堂教学参与度不高。这不仅影响了学生获取知识，更重要的是挫伤了学生学习的积极性和热情。因此，在小班化教学的过程中要合理地分层问答。分层问答策略主要强调问题回答对象的指向性，给予中等生、后进生较多的参与学习的机会。教师在课堂分层教学过程中，在对学生提问时要明确问题的对象指向和目的指向。对象指向即某一问题是针对哪一层次的学生提出的，如，A层次学生回答综合性高、应用性强、难度大、灵活性强的问题，B层次学生回答稍有灵活性、直观性强的一般问题，C层次学生回答比较简单、直接出自课本的基础性问题。目的指向即某一问题对某一层次学生回答的教学设计目的是什么，如，A层次学生回答的一些有难度的问题的目的指向则是C层学生，期望A层次学生的回答能为C层次学生提供示范。当然对于有一定难度的问题，教师也可以先让B、C层学生来尝试回答，目的则是利用回答中出现的问题和缺陷，给A层学生提供智力刺激，激发他们进一步思考，把问题解决得更完善；而A层学生的回答，又可以促使中低层学生进行反思，纠正认知错误。在课堂教学中合理设计提问，有利于推动各层次学生参与课堂教学，激发自主学习的积极性，充分发展学生的个性，发挥学生的主体地位作用。总之，课堂提问一定要根据课堂教学内容及学生实际水平精心设计，通过提问开拓学生的思路，启迪学生的思维，让各层次的学生都获得不同程度的发展。

（三）布置作业分层

作业是课堂教学的延续和补充，也是巩固课堂所学知识的重要手段，所以，作业分层是分层教学不可忽视的重要环节。根据分层教学的需要和因材施教的需要，作业的安排也应该由易到难，要充分考虑到学生现有的认知水平和思维能力，切忌主观盲目。一般情况下，可把作业分成三大类：基础题、必做题和选做题。A层次学生必须完成选做题，可以选择做必做题；B层次学生必须完成必做题，可以选择做选做题；C层次学生必须完成基础题，也可以选择做必做题，努力提高自己的知识水平。富有弹性的层次性作业使学生摆脱了作业负担，使每一个学生都能在自己力所能及的范围内感受到成功的喜悦。与此同时，学生间的相互依赖性降低，从而养成独立完成作业的良好习惯。

（四）测试分层

测试是整个教学过程的有机组成部分，随着教学目标分层、教学过程分层、作业分层，教学测试也必然要有层次性。测试分层可采取以下方式进行：考试仍然采用合卷闭卷的形式，但要达到分层分类的要求，即考试题目的70%是相同的，30%是不同层次的，其中提供给A、B类学生的题目偏向于能力和综合应用，提供给C类学生的题目是在基础知识的基础上加深和简单应用。教学测试的层次性并非固定不变的，既然我们的教学强调的是个性化，教师就应该通过观察及时发现学生的点滴进步，从而在测试中鼓励C类中有进步的学生向B类学生靠拢，B类中的优秀学生也可以向A类学生靠拢，引导和鼓励学生实现自我突破。同时，对于那些测试没有达到理想成绩的学生，更要肯定他们所取得的成绩，加以鼓励，使其重整旗鼓。这样的操作方式便于形成良性循环，有利于发挥学生的自主性和积极性，促进学生个性健康发展。

（五）评价分层

评价的作用是为被评价者提供反馈、建议和促其发展的途径。在分层教学的课堂上，评价是提高教学质量的有效手段。由于分层目标是针对不同层次的学生制定的，因而学生成功的机会很大。对于学生取得的学习成绩给予必要的及时评价，使其体会到成功的喜悦，具有加强学生内部学习动机的作用。课堂教学过程中的评价方式要灵活多样，如提问、观察、小测验等。另外，评价要体现分层的特点，对A层学生要坚持高标准、严要求，使其向更高层次发展；对B层学生要采用激励评价，指出不足并指明努力方向，鼓励其向A层学生靠近；对C层学生要多表扬、鼓励，肯定他们的点滴进步，使其消除自卑感，获得成功体验。

小班化教育的课堂教学充满生命活力和情感魅力。在宽松和谐的学习环境中，以形式多样的教学方式，着力培养学生良好的学习习惯，学生学得开心，老师教得愉快。

在小班语文教学的课堂中，教师不应墨守“师道尊严”的旧观念。师生是伙伴关系、朋友关系。教学方式应服务于学生的学习方式，应联系学生的生活世界；不限制学生的思维方向，帮助学生发现知识的个性意义。教师把微笑带进课堂，把激励带进课堂，充当组织、引导、合作的参与者。在这样的课堂里，学习者才会感到安全、温馨，才能很好地与老师、同学和谐相处，才能没有顾虑或顾虑很少地自由发表意见，提出问题，认真参与讨论，打开思想的闸门，积极主动地实现认识或情感深处的碰撞与融合。

（唐薇）

案例3

浅谈小班化教学的魅力

在教育实践中，有人提出这么一个问题：教师在课堂教学中教学视野关注的覆盖范围一般有多大？国内外一项“视野与文化”的研究表明：一般不超过25名学生。一个班级的学生超过25人，教师就会顾此失彼，超过越多，顾不到的学生也越多。

查阅国内外资料，小班化教学是欧美发达国家普遍推行的一种教学组织形式。20世纪80年代，美国的部分州开展了缩小班级规模的实验。目前美国中学的平均班级规模是25个学生。在20世纪90年代后期，美国又提出美国中小学班级规模应缩小到18人。目前德国班级规模与美国相似，全班平均为25个学生。英国20～25人，加拿大25～30人。

从小班化教学的内涵看，其最本质的特征是教学面向个性各异的学生个体，而不是面向整齐划一的全班整体；教学组织方式、教学内容、教学模式、教学方法、教学评价均围绕学生个体发展而组织开展。

综上所述，可以认为，小班化教学是在学生数量控制在30人以下的教学单位中面向学生个体、围绕学生个体发展而开展的教学活动。小班化教学活动会发生如下变化：

(1) 教学活动在时间、空间上会得到重组。

(2) 教学活动的参与者(主要是教师与学生)的活动密度、强度、效度等以及师生间的互动关系会得到增强和增加。

(3) 教学的内容、方式、技术、评价会发生全新变化，并促进或推动教育理念的进步。

小班化教学是建立在素质教育高标准、高要求的教育质量观和现代办学效益观基础上，并在这样的理念和思想指导下进行的，运用了充分发挥“小班”本质特征的教学模式、策略、方法、技术、手段和评价的一种教学形态。

基于此变化，谈谈小班化教学的魅力。

一、小班化教学有利于全面实施素质教育，实施“分层教学”

由于班级学生人数少，每一个学生都能得到老师的辅导，学生人人都能在充裕的空间内充分活动，个性得到更全面、更和谐的发展，真正做到师生互动，激发学生的聪明才智，发展他们的创造能力，这正是素质教育的内涵。首先，小班化教学不是单纯化的小班额，而是学校教育改革和纵深发展的一个标志，也是以学生为本、全面推进素质教育、提高教育教学质量的有效措施。小班化教学的核心问题是促进人的全面发展。我们要用新的教育价值观和效益价值观来看小班化教学的价值。其次，实施小班化教育，是实现教育现代化的一个标志。因此，我们要脚踏实地地尽快真正实施小班化管理，真正落实分层教学，才能尽快提高不同学生的知识与能力水平。

二、小班化教学有利于培养学生的创新能力

小班化为培养高素质创新人才找到了切实可行的途径和方法，学生的思维能力、动手动脑操作能力、综合表达和表演能力也有了明显的发展。小班课堂教学确立了学生“敢说、大胆说、人人说”的局面。从学生的个性发展来看，小班化教学和分层教学能让学生有更多的机会张扬个性，表现自我。在教师的引导下，他们会表现得更为主动和积极，参与面更广，个性更为鲜明。让每个学生真正参与到教学活动中去，成为学习的主人。在实际教学中，先组织学生在小组内自由交流，然后在全班相互交流，全面深入了解所要解决的问题。这样，自己构思，小组交流，全班展示，这些活动丰富了学生的想象力，提高了学生创造性的思维能力，使人人有机会展示自己，人人有机会获得别人的赞扬，培养了学生的自信心，自然实现了分层教学的目的。

三、小班化教学有利于充分调动学生的主体性、主动性，使学生真正成为课堂的主人

小班化教学给学生提供了自我展示和发展的空间，在师生互动、生生互动中激发了学生的学习热情，强化了学生的自主性，真正做到了注重面向全体学生，注重学生全面发展，建构了新的教学模式。过去，一节课是优秀学生的舞台，一节课中，只有少数学生真正参与教学活动，大多数学生只是听众或观众，没能成为课堂的主人。而在小班的课堂里，学生参与教学的积极性空前高涨，分组教学、分层指导策略的实施，使每个学生通过学习—发现—交流参与到教学活动中。

四、小班化教学有利于实现教师角色的转换

小班化教学使教师由单一的知识传授者转变为教学情境的设计者、教学过程的组织者、学生探求知识的引导者。小班化教改涉及教育教学改革的方方面面，它对教师的素质提出了更高的要求：有正确的教育观念，深厚的教育学、心理学知识，有与学生进行有效沟通、正确对待不同个性学生的能力，有较强的教学组织能力及教学技能上的"一专多能"。所以，实施小班化教学，首先，教师必须树立"学生主体"意识。其次，教师必须树立服务意识。教师应全心全意地服务于学生，服从学生的发展需求，更新教学手段，创设和谐的教学氛围，提高教学质量。再次，教师的主导作用在于引导学生积极探索，有效地组织教学活动，培养学生求知、求新、求真的探索精神。最后，教学过程是师生的互动过程，双方共同学习探索，发现规律，教学相长。

五、小班化教学有利于营造和谐、宽松、民主、自由的教育教学环境，促进学生个性充分自由地发展

开展小班化教学，能够使学生的创新潜能得到充分的开发，师生关系和感情更加融洽，教师和学生建立了民主、平等、和谐、相互尊重、相互学习的伙伴关系。新型的师生关系在潜移默化中得以升华。小班化教学带给学生的是温馨的环境和人文的关怀。在小班的教室里，为了充分发挥学生的主体意识和创造能力，教师发动学生，人人参与美化教室环境，人人都是班级的主人，通过各种墙面文化设计参与评比活动，激发学生的主人公精神，调动他们参与的积极性，使学生的学习热情持久保持。这样不仅使优等生的才能可以得到发挥，中等生可以得到锻炼，暂时的差生也可以得到帮助和提高，还培养了合作精神。小班化教学减轻了教师课内的压力，能腾出精力来大力开展教学研究和课后辅导活动。

综上所述，我们要从理论和实践两方面探索符合我校学生身心发展规律、行之有效的小班化教学模式，使教学过程最优化、教学形式多样化、教学效果有效化，使学生学会学习、全面发展。我们在今后的教育教学研究工作中，要继续努力，积极探索，及时总结经验，制定适合自己的研究方案，使小班化教学和分层教学得以有序开展，把先进的教学理念体现于日常的教学活动中。同时，我们要通过积极调查、比较、实践、反思等方法，吸取先进学校小班化教学的先进经验，充分发挥小班化教学及分层教学的优势，切实提高我校教育教学实效性，逐步提高实施小班化教育的教学质量。

（李艳娇）

5

教师篇

JIAO SHI PIAN

概　述

烟台四中师资力量雄厚，拥有一批省、市、区级优秀骨干教师和学科带头人。多年来，学校始终重视教师培养，能够正确认识教师在课改中的重要作用，真正实现教师由“传授者”向“引导者”的转变。同时，作为一所年轻化的学校，我校更是注重青年教师的培训工作，以老带新，旨在使青年教师尽快成为合格的教师、优秀的教师。

一、正确认识教师在课改中的作用

在传统教育当中，教师被称作知识的传播者。只要教师有渊博的知识，有孜孜不倦的教学态度，有无私奉献的精神，就可以成为受欢迎的教师。但是新课程标准强调了：教师应以学生为主体，要求学生在自主、探究、合作中学习。教师自然就应由知识的传授者转变为学习的引导者。然而每一个学生都有自己独特的个性，有着不同的经历、不同的内心世界、不同的思考和解决问题的方式，教师要在他们当中起到一个交往、互动、引领的作用。与此同时，在新制度下，教师面临着角色挑战，开始由原来的“买方市场”进入“卖方市场”。按照以往的制度安排，教师是学科本位，教什么，教哪个年级、班级，学校往往有统一安排。新一轮考试招生制度改革促发了悄悄的变化，就是让学生选老师。换言之：我凭什么选择你给我上课？教师职业将面临这样的一个重大挑战。那么在这种情况下，教师该如何扮演好自己的角色呢？

（一）成为学生学习的促进者

教师要成为学生学习的促进者，而不仅仅是指导者，要变“牵着学生走”为“推着学生走”，要变“给学生压力”为“给学生动力”。教师需要营造被学生接纳的、支持性的、宽容的课堂氛围，创设能引导学生主动参与的教育环境，用鞭策、激励、赏识等手段促进学生主动发展。这就要求教师把自己作为教学活动中的普通一员，融入学生之中，了解他们，欣赏他们，鼓励他们，成为理解学生观点、想法和情感的知音。要以各种适当的方式，给学生以心理上的支持、鼓舞和鞭策，使学生的思维更活跃，热情更饱满，教师要成为学生最可信赖的心理支持源。

（二）成为学生活动的参与者

教师必须建构民主、平等、合作的学习氛围，从居高临下的权威者转向平等的参与者、合作者，和学生一道去探索真理的奥秘。教学活动的设计要遵循以学生为主体、以教师为主导的原则，使学生的学习活动富有个性色彩和创造性，使学生能在协商合作之后建构自己的知识框架。在教学活动中，教师通过课堂的调控和组织使学生能够充分发挥主动性、积极性和首创精神，充满活力地发展。这就要求教师教学情感、态度与价值观有根本性的改变，教学方法能够有彻底的转变，成绩评价也需有较大的改进。

（三）成为学生能力的培养者

新课改要求教师成为学生学习能力的培养者。作为培养者，教师在学生自主学习的过程中要积极地观察，认真地引导，善于捕捉学生发言中的最佳契机，及时地正本清源，激发并保持学生主动探究的积极性。同时，作为培养者，教师还要注意培养学生的自律能力，教育学生遵守纪律，与他人友好相处，培养其合作精神，使其养成良好的学习习惯。

（四）成为学生认知的引领者

教师要提高自身的素质，成为真正的引领者。学生学习认知的过程，是在教师指导下自己动脑、动口、动手去探索“发现”“再发现”的过程。由于学生的个性差异、社会的变革和发展，教师的教学遇到新的困难。教师必须适应学生的发展，必须了解学生的个性差异，引领学生探究，必须有对学生做出客观评价的能力。这就要求教师不仅有渊博的知识、敏锐的洞察力，还要有激励和启发学生的技巧。

总之，在新课改中教师要想找准自己的位置，需要不断更新自己，提升自己，更好地适应时代的发展。

二、重视青年教师培训工作

青年教师是学校发展之本，是学校发展的主力军，我校非常重视青年教师的培养，由教研室马成贤主任具体负责这项工作。多年来学校为青年教师创造条件，提供机会，营造氛围，搭建平台，大力培养青年教师的师德师风、综合素质与专业能力。

学校师训工作有以下几点要求：

（一）明确师训目标

缺什么补什么。就是补齐现代课堂要求具备的水平和青年教师现在已有的水平的差距。21世纪对人才的培养提出了新的、更高的要求，振兴民族的希望在教育，振兴教育的关键在教师。21世纪，是教师从一般社会职业走向专业化的世纪。提高教师素质，不仅是教育对象的呼声、社会的要求，更是教育自身发展的必然需要。《资治通鉴》有一句耐人寻味的话，叫"经师易得，人师难求"。说到底，在选课走班制下，学生不仅会对教师的专业素养提出更高的要求，而且会对教师的道德人格提出更高的要求。教师职业的特殊性，使得人们对教师的思想道德要求远远超过一般行业的从业人员。故青年教师要具有崇高的政治素质和良好的思想素质、良好的职业素养、高尚的道德素质。"德"是师之本，德高方有师尊，即"德高为师，行为示范"。

（二）选取教师培训内容

1. 专业理念

基于未来教师的成长需求，中国的教育现代化需要一种全新的教育文化，需要能够高屋建瓴地统辖现代教育的基本问题，能够指导现实，能够面向未来的新的教育理想、教育哲学。这其实是一个民族新文化再造的任务。每一位青年教师都要努力去改造传统形成的学校与社会、教育与生活、书本与实践相脱离的状况，建立起两者之间新的联系，更新我们的教育思想、教育方式、教育价值和教育制度。这就要求青年教师不能墨守成规，要勇于挑战，培养创新精神。

2. 专业知识与能力

基于学科知识的丰富和拓展需要，青年教师要具备四种能力。一是学习能力。青年教师要树立终身学习的意识，坚持通过阅读吸纳各学科知识的营养，善于在工作中学习、在学习中工作，努力成为全社会的榜样。二是教学能力。这是教师的核心能力。对所有教师而言，解读和挖掘教材，确立教学目标，完成教学设计，实施课堂教学，进行教学评价是需要不断学习完善的常规技能，必须与时俱进。要通过专家引领、同伴互助、自主研修等多种途径，不断提升这方面的能力，促进课堂教学质量的逐步提高。三是反思能力。教学是一种实践性很强的活动。青年教师应对自身的教育教学活动进行持续的反思，并通过反思不断地改进自己的教育教学工作，达到提高质量的目的。四是科研能力。教师从事科研，将是21世纪教师区别于以往教师的一个显著标志。青年教师要具备一定的研究能力，要善于把教学中遇到的实际问题作为研究课题，在教学实践中加以分析和研究，最终找到解决问题的最佳途径。

3. 提升职业幸福感

做任何事首先要有一个积极向上的心态，良好的心态是获得幸福感的基础。基于职业道德素养养成和提高的需要，青年教师应正确认识教师的职业责任，为人师表，并不仅仅是"传道、授业、解惑"者，更重要的是培养对社会有用的人才。重视学生素质教育，这也是新课改对教师提出的要求。那么具体应如何提升职业幸福感？

首先要正确处理错综复杂的社会关系。居于首位的应当是建立民主和谐的师生关系，教师首先要爱学生，在爱学生的基础上才能给予学生更多尊重和关怀，努力成为受学生喜爱和欢迎的老师。处理同事关系时则重在谦恭礼让，青年教师不仅需要处理好师徒关系，也要处理好上下级关系。不论是师父还是上级领导，都是青年教师的长辈，都需要青年教师做到尊重礼让，积极向师父学习和请教。在与家长的关系上，青年教师应树立威信，建立起与家长的信任关系，发挥教师与家长的合力作用。

其次，对待工作，青年教师要做到细心、耐心以及恒心。具体则体现在平时教案的备写、试卷以及教学相关资料的准备等方面，日积月累方有大收获。

再次，青年教师刚刚踏上工作岗位，在行为规范等方面也存在诸多问题，需要进一步调整。真正的职业幸福感源于对职业的热爱和尊重，也体现在对自身行为的严格要求上，课堂行为以及课后反思都是青年教师容易忽视的问题。同时，如何应对新课改，学校也对青年教师提出期望。希望青年教师发挥才智，努力调动学生学习的自主性、积极性，使学生真正成为课堂的主体。

4. 自我发展

基于专业发展诉求和自身生活需要，青年教师应提升个人修养，加强政治学习，使自己具备思想政治素质和职业道德素质。坚定爱岗敬业、献身教育的信念，坚持育人为本的宗旨，要依法执教，严谨治学，团结协作，以身作则。用自己的人格魅力、人文素养、知识积淀以及责任感影响和教育学生，使学生树立正确的人生观和价值观。与此同时，要做一名业务上、教学上都过硬的教师。养成善于学习、乐于学习、主动学习的习惯，为自己营造学习的心境，认真学习学科专业知识及系统的教育理论知识，广泛阅读教育教学的报刊及专著，提升对课改理念的认识。工作中要善于积累，勤于思考，做到教学中既有理论依据，又有实践创新。提高自己的科研能力，使自己的教育教学水平再上一个台阶，使自己的教学水平能有所进步。在课堂上做一名轻松快乐的受学生欢迎的教师。向身边优秀的教师学习管理经验，掌握教师必备的专业知识及工作艺术，了解中学生的心理特点。巩固教育学、心理学等知识，提高自己的管理能力。学会以发展的眼光看待每一个学生，相信学生的巨大潜能，并努力去探索发掘；在教育教学中发扬学生的主体精神，努力做到因材施教。充分发挥自己的特长来吸引学生，使学生喜欢自己的课，并能在自己的课堂上得到发展。做一名“善于反思，勤于积累”的教师。抓住一切听课和学习的机会，多观摩优秀教师的课，向优秀教师学习。对自己的教学及时进行反思，及时总结自己在教育教学工作中的成功与不足，取长补短，使自己的教学水平逐步提高，教学经验日益丰富。寻找适合自己的教学方法，争取逐步形成自己的教学特色。总之，教育是事业，事业需要无私奉献，只有对事业负责，对学生负责，才会无愧于“教师”这一神圣的称号。

（三）创新师训方式

作为我校最有活力、最有潜力、最有创造力的群体，全体青年教师谦虚好学，努力钻研，积极进取，既学教书，又学育人，积极贯彻我校“追求卓越，止于至善”的办学理念，以自己不懈的努力实现了教学生涯的新跨越，得到了学校领导、其他教师、学生的认可。近两年分配到我校的青年教师，学历高、素质高、热情高。为了使青年教师尽快成为教学骨干，早日跻身名师行列，学校一直坚持开展师徒结对子的“青蓝工程”。

新高考、新课改的不断深入，对教师的专业化水平也提出了更高的要求。新课程背景下的教师不仅是有知识、有学问的人，而且是有道德、有理想、有专业追求的人；不仅是高起点的人，而且是终身学习、不断自我更新的人。因此，作为教师，尤其是青年教师，必须随时对自己的专业结构、教育教学技能进行调整，必须在实践中不断学习、研究和反思，必须对自己的知识、能力与经验进行整合，这是教育发展的时代需要，是教师自身发展的需要，也是学校生存和发展的需要。回顾我校在培养青年教师方面所取得的成绩，总结为以下三个方面：

1. 殷殷期盼、学校重视是青年教师进步的保障

我们学校是一所教师结构偏向年轻化的学校，年轻教师充满朝气，是学校持续发展的未来，所以学校十分重视青年教师的培养，采取“结对子、压担子、竖梯子、搭台子”的培养形式，为青年教师搭建不断成长和展示自我的舞台，促进青年教师达到“一年合格、两年胜任、三年成才”的培养目标。学校开展了师徒结对子活动，每位青年教师都有自己的师父，使青年教师在课堂教学和班级管理两方面齐头并进。“对标照镜”汇报课是“青蓝工程”的重要内容，也是加速青年教师成长的有效途径，在基本功考核过程中，对每位教师精心准备的汇报课进行考核，这是对备课组集体备课、教研组集体“磨课”和“一帮一、师带徒”活动落实情况的一次“大检阅”。许多青年教师充分认识到“对标照镜”汇报课的重要性，和师父一道，精心准备，将汇报课当作展示自我风采、提高专业水平、磨炼教学基本功、历练成熟心态的难得机遇。为了在最短的时间内提高自己的教学水平，青年教师通过“一帮一、师带徒”的学习方式，主动向其指导教师学习。听指导教师的课为自己的课“照镜子”，请指导教师听自己的课为自己讲好课“找办法”。在最短的时间内掌握了常规教学的基本规律，教学基本功也提高得快。

2. 薪火相传、师父倾囊相助是青年教师进步的关键

师父精心的指导、高度负责的态度成为“青蓝工程”成功的关键。指导教师以高尚的品德和渊博的知识做“徒弟”的表率，达到“以老带新”“以优带新”“以学促新”的效果。我校师徒之间的感人事迹不胜枚举，春风化雨，润物无声。指导教师光风霁月般的坦荡胸襟，甘于奉献、淡泊名利的高尚情怀，彰显出我校教师崇高的精神境界，为青年教师树立了榜样。

3. 积极进取、虚心好学是青年教师进步的根本

青年教师工作责任心强、热情高，教育教学理论水平和教学能力明显提高，无论是教学工作检查还是平时督导、抽查、随堂听课，教师和学生评价都反映良好。每位教师在准备汇报课时，都能深钻教材、了解学情、设计教程、精选教法、撰写教案、苦练基本功，充分运用现代化教学手段，全身心投入课堂教学和班级管理中，得到大家的肯定和好评，达到了预期效果。青年教师在自己的展示课上有许多亮点，普遍自信心明显增强，能有效运用多媒体辅助教学，小组合作探究较好，评价加分及时合理，问题串设计层层递进，注重学法的指导。

除了日常的教学活动之外，为了提升青年教师的基本功，马成贤主任安排青年教师进行书法练习、写《教学周记》等活动。要求青年教师在课余时间临摹字帖，提升板书水平，同时培养一种认真专注的态度。每周写一篇教学周记，记录自己在日常工作和教学活动中遇到的问题。出版《请跟我来》，大多数青年教师利用这段时间认真学习，进行总结反思，开阔了教师们的视野，这是学习反思的重要过程。马成贤主任每个月对活动进行阶段性的概括总结，主要对青年教师开展的《教学周记》和书法练习工作进行点评，尤其是对《教学周记》中涉及的一些问题进行重点指导。既肯定青年教师对待《教学周记》认真的态度，也对《教学周记》中反映出的问题，如如何关爱学生、教学态度和方法等，指出了改进措施。并且在总结会中展示优秀的教案设计，旨在让青年教师以此为榜样，真正用心备好每一堂课。

当然，在青年教师成长的过程中，难免会出现一些问题和失误，如学生课前准备不足、学生到位不及时、电教设备故障等，教师组织教学有待加强，初高中知识衔接重视不够，部分教师驾驭课堂（与学生即时交流沟通）的能力有待提高，教学目标实现、课堂容量、压力传导“度”的把握不准确，以及抓落实的力度不强等。要求教师克服松懈、应付负面情绪，珍惜入职初“传、帮、带”的机会，以饱满的工作热情让自己赢在起跑线上。

在新时代的背景下，教什么？怎么教？教得怎样？因为敬畏，所以投入；因为认同，所以心无旁骛；因为热爱，所以付出不仅仅是付出，更是一种收获和享受！

《念奴娇·赤壁怀古》教学设计

【教学目标】

1.熟读成诵,感受本词铿锵豪迈的声律之美。

2.品读赏析,学习本词波澜壮阔的意境之美。

3.深读挖掘,体会苏轼洒脱旷达的精神之美。

【教学重点】

掌握咏史类词的赏析方法,品味苏轼的情感。

【教学难点】

理解苏轼旷达洒脱的人生态度,获得人生启示。

【教学方法】

诵读法、讨论法、交流法、品读法。

【课时安排】

一课时。

【教学过程】

一、导入

今天我们一起来学习苏轼的《念奴娇·赤壁怀古》,这是苏轼非常有名的一首豪放词,被人誉为千古绝唱,首先我们一起来看一下这节课的学习目标。

(课件出示目标,生齐读)

师:希望本节课上通过反复的诵读、品读、研读,大家能对其声律、内容以及作者的情感有深刻的理解和把握。

二、初读

首先请同学们自由地读一读,注意读准字音和节奏。

活动设计:

(1) 生自由朗读(2 分钟)。

(2) 指名朗读,订正读音,再读。

(3) 生齐读,思考:这首词上下片分别写了哪些内容?你能用哪些形容词来说出本词给你带来的整体感受?

参考:三部分内容——眼前景,古人事,一己情;词的整体风格是气势磅礴的、雄奇壮观的。

师:这首词从声律上就给人一种铿锵豪迈的感觉,俞文豹的《吹剑续录》里有这样一段有趣的记载:东坡在玉堂,有幕士善讴,因问:"我词比柳词何如?"对曰:"柳郎中词,只好十七八女孩儿,执红牙拍板,唱'杨柳外,残风晓月'。学士词,须关东大汉,执铁板,唱'大江东去'。"公为之绝倒。所以说这首词读起来就磅礴壮阔。我们一起再来读一遍,读出这首词的铿锵和豪迈。(生齐读)

三、品读

师:声律的豪迈只是豪放词的外衣。所谓外行看热闹,内行看门道,我们还是要走进词作,去品读语言,琢磨内容,体会其豪放的真正所在。

师:在下面的环节里,我们来进行个性化的朗读,在朗读过程中,请同学们结合下面的问题,读出你的理解。

任务一:品读眼前景,词作上片写了怎样的眼前景色?

任务二:品读古人事,词中展现了一个怎样的周瑜形象?

任务三:品读苏轼情,苏轼在词中抒发了怎样的情感?

活动三要求:先自己读,然后思考、讨论;教师巡视参与;交流。

任务一:

参考:"大"形容长江的浩荡无边,"东去"形容大江的奔流不息,让我们联想到时间的流逝。

"浪淘尽,千古风流人物",暗指历史长河中,千百年来英雄人物都消失在其中了。

"乱"——写出岸边岩石山崖之险怪。

"穿"——写出陡峭山崖直插云霄的高峻。

"惊"——本意为马受惊狂奔,写出了江水的汹涌。

"拍"——突出了惊涛骇浪与江岸搏击的力度。

"卷"——波涛力量之浩大。

师:本词从滚滚长江着笔,用"浪淘尽"把倾注不尽的大江与名高累世的历史人物联系起来,布置了一个极为广阔而悠久的时间空间背景,既使人看到大江的汹涌奔腾,又使人想见风流人物的卓越气概,更可体味作者兀立江岸凭吊英才时激荡起伏的内心,气魄极大,笔力非凡,营造了恢宏壮阔的意境。

师:此时此刻,苏轼想到了风云变幻的三国,想到了那些了不起的英雄豪杰们。那为什么单单选了周瑜呢?下面我们请出4、5、6组的同学为我们分享他们的探究结果。

任务二:

周 瑜	苏 轼
年龄:34	年龄:47
婚姻:美女相伴	婚姻:屡遭不幸
外表:英俊儒雅	外表:早生华发
职位:东吴都督	职位:团练副使
际遇:功成名就	际遇:功业未就

师:之所以单单选了周瑜,是因为苏轼敬仰且羡慕周瑜,是因为周瑜是风流人物,可谓是智勇双全、文韬武略、刚柔并济。

师:有人对了一幅很有趣的对联,上联是写周瑜——情场,官场,战场,场场得意,下联写苏轼——黄州,惠州,儋州,州州潦倒。赤壁是周瑜建功立业的地方,却是苏轼贬谪流放之地,用少年得志的周瑜,更反衬了苏轼有志难伸、壮志未酬的感慨。

师:解读了前面这些,那我们就要进入最难的任务三——体会苏轼的情感了。我们先来听听7、8组同学们的想法。

任务三:

参考:开篇写景,抒发了时光已逝、物是人非的感慨,但也渗透了对风流人物的怀念和敬仰之情,从而表达了对自己坎坷人生的感慨之情。但这首词表达的绝不仅于此,人生如梦,恰是对上述沉郁感受的一个劝慰,在这不断前行的历史长河中,万事万物终将逝去,人是如此渺小,而我们所谓的这些困顿,这些挫折,这些不如意又算得了什么?如《赤壁赋》中所说:“渺沧海之一粟。”文末“人生如梦,一樽还酹江月”,表现出苏轼饮尽沧桑却释然放下的积极乐观和旷达洒脱,所有的兴衰荣辱,不过是大梦一场,所有的一切,尽付眼前的这杯酒中,苏轼举起酒杯,祭奠江月!

师:请同学们齐声再读这句“人生如梦”,试着读出苏轼历尽沧桑却超然放达的不羁。

师:如果说前面的感伤是人之常情的话,那么后面的自我劝慰和超然洒脱就是苏轼特有的精神气质,是苏轼感人至深的魅力所在。

四、拓展延伸

苏轼的入世与出世。苏东坡的精神是入世的,而心态是出世的,有别于大多数人“得意时学儒家，失意时学道家”。他以出世的心态平衡入世的精神，使得他处高位不得意，处困境不失意。

五、总结

这首词把写景、咏史、抒情融为一体，豪迈而奔放，一泻千里。在对赤壁景物的描写上和对周瑜形象的塑造上，都体现了豪壮的情调；用烘托映衬的手法，抒发了自己年已老矣、壮志不酬的感慨。但就像著名学者林语堂在他的《苏东坡传》中所说的，苏东坡的人道精神并没有因遭受许多困难而变得尖酸刻薄，而是更加醇美。我们每个人的生活中，都一定会遇到困难、挫折，而这时，不妨读一读关于苏轼的作品，或许，它会让我们有所启示。

最后，请同学们再次齐声诵读这首词，感受苏轼那旷达无累的精神。

六、作业

诵读赏析：《定风波》。

推荐阅读：林语堂的《苏东坡传》、余秋雨的《人生突围》、方方的《喜欢苏东坡》、刘艳琴的《来生便嫁苏东坡》。

（由红文　设计）

校长点评：

由红文老师有效的问题设置、合理的方法指导，让学生们都动了起来，能深入词作，领会词句的妙处，理解每部分的内容，感悟苏轼复杂的心绪，并且把自己的理解通过反复的诵读，投射到诗词本身，赋予了词作个性化的解读，达到了很好的效果。学生朗朗的读书声，是语文课的动人之处。在这方面，个人仍觉得放手不够，可以利用多媒体增加范读和视频朗读，让学生反复去读，通过读去发现问题，通过读去解决问题，通过读提高阅读兴趣，通过读提升鉴赏能力。

Language Focus & Writing

【教学目标】

1. 能就文字及图表所提供的信息进行简单描述;能描述人物或事件,并进行简单的评论。

2. 词汇:认读不太熟悉的单词,学会使用七八级词汇、习惯用语或固定搭配,了解重点单词的词义变化。

3. 语法:掌握语篇中基本的衔接和连贯手段,并根据特定目的有效地组织信息。

4. 功能:运用已学过的功能项目有效地表达情感、意图和态度。

5. 进一步熟悉有关体育及兴趣爱好等方面的话题。

【教学重点】

教学重点是阅读中的高考高频词汇、重点短语和特殊句式。

七级词汇:advantage,discipline,relaxation,launch.

八级词汇:guarantee,motivation,leadership,cooperation.

重点短语:on the increase,even though,the chances are that.

固定用法:倍数、强调句式,together with 主谓一致。

【教学难点】

语言知识的实际运用,在本堂课中体现在如何以作文的形式输出语言知识。

【教学过程】

Step Ⅰ. Group work

Before class,ask students to find the language points which they think are important or difficult. Discuss in groups.

(学生课前小组探究知识点,能够充分发挥主动性,并能体现个人学习差异。)

Step Ⅱ. Leading in

In the first passage, we have learnt the great sport personality of Li Ning, while in the second passage, we talk about sports around us. So in this period, I will lead you to get important words, phrases, sentence patterns, and practice the language points through reading and writing skills. Are you ready for class? Let's get started.

(点明三节课的联系,明确本节课任务)

Step Ⅲ. Students' presentation

Ask A1s(每组 6 人,分为 A1A2,B1B2,C1C2 三个层次) of each group to stand on the platform to explain the language points that they think are important and have been written down on the blackboard before class. Other students listen and take notes if necessary.

内 容		展示人
Passage 1	Para 1～2	G8 A1
	Para 3～5	G1 A1
Passage 2	Para 1～4	G4 A1
	Para 5～8	G3 A1

(由每组水平较好的 A 类学生展示,更贴近学生实际并且更容易提升学生兴趣)

In case students may leave out some key points, the teacher will show the summary of the important language points as a reference after students' presentation.

(教师适当点评,突出重点,体现难度提升)

Passage 1

Para 1 together with even though

Para 2 It was this sense of failure that made him determined to succeed in his new life.

launch

Para 3 on the increase have an advantage over

A pair of Nike trainers…five times as much as a similar Li Ning product.

Para 4 the chances are that

Para 5 achieve one's ambitions

Anything is possible, as the slogan says.

Passage 2				
Para 1	get regular exercise	self-discipline	teamwork	leadership
Para 4	develop social skills	cooperation		
Para 5	self-motivation	determination	guarantee	
Para 6	for relaxation			
Para 7	It's never too late to take up sport.			

Ask students to read the notes above together.（加深印象）

以下文中共有10处语言错误，每句中最多有两处。错误仅涉及一个单词的增加、删除或修改。

增加：在缺词处加一个漏字符号∧，并在其下面写出该加的词。

删除：把多余的词用\划掉。

修改：在错的词下画一横线，并在该词下面写出修改后的词。

注意：1. 每处错误及其修改均仅限一词；2. 只允许修改10处。

According to a recent survey, individuals who get regular exercise are twice as likely to live longer than those who doesn't. In fact, there are much advantages that sport has on other kinds of entertainment. Self-motivation together with determination are developed through individual sports, while social skills as well cooperation are developed through team sports. It's sport which teaches us self-discipline and teamwork, and guarantees our relax. It's never so late to take up sport and enjoy yourself, what the proverb says.

Step Ⅳ. Passage Correction

Ask students to finish the passage correction within 7 minutes. First exchange ideas in groups and then volunteer to show the answers. Finally ask students to read the right passage together. (To make students more impressed with the language points.)

（短文改错联系高考改革，紧扣前面的语言知识，形式新颖，让学生通过技能训练加深对知识的印象）

Step Ⅴ. Key points check

Five minutes for students to revise language points and have a check.

together with	与……一起
even though	即使
on the increase	正在增加
have an advantage over	比……有优势
the chances are that	很可能

续表

achieve one's ambitions	实现抱负
as the slogan says	正如标语所说
get regular exercise	定期锻炼
develop social skills	培养社交技巧
for relaxation	为了放松
take up	开始从事;占据
self-discipline	自律
teamwork	团队合作
leadership	领导才能
cooperation	合作
self-motivation	自我激励
determination	决心
guarantee	保证
launch	发行;(首次)上市
强调句式结构	It is/ was+被强调部分+that
倍数结构	A+倍数+ as+ adj. /adv. + as B

Step Ⅵ. Writing

10 minutes for students to write no more than 7 sentences according to the given information to introduce Li Na, using phrases, words, or sentence patterns that they have learnt in this period.

(表格内容涵盖本节课语言点,通过写作技能的训练进一步加深学生对语言知识的印象)

人 物	李 娜
经历及评价	1. 被认为是中国最有代表性的运动员之一 2. 从小就有运动天赋,9 岁开始从事网球运动 3. 如果没有教练以及丈夫姜山的帮助,很可能无法迅速取得进步 4. 是有坚定决心的人。即使经历多次失败,也从不放弃 5. 是她对运动的热情和努力助她实现梦想

Invite two students to write the composition on the blackboard and ask other students to appreciate the two compositions together. Time permitting, ask other students to exchange and correct their compositions in groups on the spot; if not, they can do it after class. Finally, the teacher shows students a possible version and ask students to read together.

Li Na, who is thought to have been one of the most representative athletes of China, had a gift for sport since childhood and took up playing tennis at the age of 9. However, without the help of her coaches together with her husband Jiang Shan, the chances are that she couldn't make such rapid progress. Li Na is a person with strong determination. Even though she has suffered countless defeats, she never gives up. It's her passion for tennis and hard work that help her achieve her ambitions.

Step Ⅶ. Homework

【板书设计】

学生板书知识点 Passage 1 Para 1～2 Para 3～5	学生板书作文	学生板书作文	学生板书知识点 Passage 2 Para 1～4 Para 5～8

【巩固练习】

以 Is sport really good for us? 为题，根据提示写一篇征文。

利：参考第二节课外阅读材料自行提取。

弊：容易造成伤害；并非强身健体的唯一途径，过分夸大作用；过度运动影响学习等。

【课后作业】

1. Revise the knowledge you have learnt in this period.

2. Alternative tasks:

a. Write a composition to introduce your favorite sport and the reasons why you like it.

b. Write a brief introduction of your favorite sportsman or sportswoman.

（李　欣　设计）

校长点评：

所谓的以学生为主体，并不意味着教师的完全解放。相反，对教师的课堂组织和驾驭能力提出了更高的要求。教师首先要保证课堂得以有效有序地进行。其次，要能在适当的时候对学生进行点拨和提升。在这堂课的进行中，李欣老师一直坚持用读写语言技能来加深语言知识的理解和应用，而摒弃了以前的用语言知识应对技能挑战，不失为一种创新。

《在过程中成长》教学设计

【教学目标】

1.引导学生初步认识归因理论。

2.指导学生尝试和感受积极归因的作用,试着运用归因理论分析问题。

3.培养学生在学习和生活中运用积极归因理论分析问题的能力,真正做到在积极归因的过程中体验成长。

【教学重难点】

1.让学生明白海德和韦纳的归因理论。

2.更好地运用积极的归因理论。

【教学方法】

活动体验、小组讨论交流、自主合作探究、观看视频。

【教学教具准备】

多媒体课件、笔、《我的学习状况分析表》、视觉盲点体验道具。

【教学课时】

1课时。

【教学过程】

模　块	教学活动设计	设计意图
我们一起做游戏	师:上课伊始,老师诚挚地向同学们发出邀请,希望我们一起积极参与,真诚分享,在体验过程中获得成长。大家有没有信心做到? 生:有 师:我们做一个游戏吧,检验一下大家坐在这里,是不是心思也都在课堂上 (学生期待) 师:一是把自己右手的食指放在右边同学左手掌的下面;听到我说"抓"时,用你的左手去抓左边同学的右手的食指,同时你的右手食指要跑;看谁被抓到的次数最多	向学生们发出邀请,突出学生的主体地位 通过暖心游戏考查学生注意力,促使学生全身心地投入课堂上

续表

模　块	教学活动设计	设计意图
我们一起做游戏	师:老师需要两位同学协助演示一下 师:123456“抓”、1234567“跑”、1234“逃” (全场气氛热烈) 师:老师发现被抓到的同学越来越少了,说明我们的心思都在课堂上了吧 生:是	通过学生的协助演示,引导学生积极参与到课堂上
我们一起找原因	师:下面让我们一起认识这样一位女孩 (投影) 请小组讨论朱莉困惑的原因。(从学习态度、方法、自我管理、自信心、答题技巧等方面分析) 生 1:…… 生 2:…… 生 3:…… 师:对啊,造成这种结果的原因是多种多样的	让学生站在旁观者的角度找原因能调动学生参与的积极性和分析的客观性,引导学生自主探究问题的答案
我们一起来体验	师:分析之前我们先来一起体验 (投影) 师:你发现了什么? (生回答) 师:你会发现右侧的“十”消失了,你知道这是为什么吗?这是因为我们的视觉存在盲点,同样我们的学习中也可能存在盲点 在学习中存在的盲点,单靠个人是难以找全的,还需要什么?小组讨论,一起来进行积极的归因	通过视觉中存在盲点的体验,引出学习过程中存在的盲点,指导学生通过小组合作的方式来运用积极的归因理论填写《我的学习状况分析表》
我们一起来总结	师:现在以小组为单位,总结学习过程中应有的表现,分析自己当前的状况,运用积极归因的理论找到改进措施 注意:首先通过小组合作完成第一栏“应有的表现”的填写 (生分享) 师:下面选择你最感兴趣的一个因素,根据自己的实际情况分析自己现在的状况,找到改进措施,其余的当作课后作业 (生分享)	通过让学生用小组讨论的方式运用积极的归因理论进行分析,增强学生的小组合作意识,锻炼学生学以致用的良好品质
结束语	师:通过上面的分析我们做到了积极的归因,明确了下一步的做法。在接下来的学习生活中,通过实际行动检验自我分析的成果吧!相信运用积极的归因理论,你一定能够在学习过程中不断成长	点题,希望学生将积极的归因理论运用到自己的学习生活中

【板书设计】

在过程中成长

1. 归因的定义。
2. 归因的三维度模式。
3. 积极归因。

（程学明　设计）

校长点评：

本节课的设计从学生学习出发，贴近学生学习又服务于学生学习。得益于学生的积极配合，在课堂教学中，学生全身心地投入，教师多角度地引导与启发，课堂效果比较理想。通过本节课的学习，学生能够运用积极的归因理论来面对学习和生活中的各种困难，这将是让学生受益匪浅的。由于经验有限，教师运用心理技巧驾驭课堂的能力还有待提高。如果时间充裕，让学生把《我的学习状况分析表》中每一个因素对应的现有的状况和改进措施都在课上体验完成就更好了。

《平抛运动》教学设计

【教学目标】

1. 知道什么是抛体运动，什么是平抛运动，知道抛体运动是匀变速曲线运动，知道抛体运动的受力特点，理解平抛运动的规律，知道平抛运动的轨迹是一条抛物线，知道分析一般抛体运动的方法——运动的合成与分解，会用运动的合成与分解的方法分析平抛运动，会确定平抛运动的速度，会运用平抛运动的规律解答实际问题。

2. 利用生活中实际问题引入，创设矛盾所在，提出问题。结合平抛仪实验中平抛与自由落体运动对比的频闪照片，逐步加深对平抛运动的认识。根据实验结果，在教师引导下分析平抛运动的处理方法——运动的分解，根据已有的知识找出平抛运动的规律。

【教学重点】

平抛运动的性质和规律。

【教学难点】

用运动的合成与分解研究平抛运动的规律。

【教学用具】

多媒体及 PPT 课件、挤压式尖嘴浇水瓶、双轨平抛实验仪。

【教学方法】

1. 情景创设教学法：把问题形象化，引导学生进入课堂。

2. 实验法、探究式教学法：丰富课堂，启发和引导学生合作探究。

3. 多媒体课件与投影结合使用，提高学习效率。

【教学过程】

1. 通过观看视频，请你回答篮球和气球在空中运动的共同点。

有初速度，受重力和空气阻力，轨迹为曲线，由于空气阻力比较小，可以忽略不计。

这样，以一定初速度将物体抛出，如果物体只受重力作用，这时的运动叫作抛体运动。

实际物体的运动能不受空气阻力吗？（不能）

所以忽略了空气阻力的抛体运动是一个理想化模型。

请你举出抛体运动的实例。（踢出的足球、投出的铅球、飞流而下的瀑布）

（通过对比，建立抛体运动模型，加强学生的总结观察能力）

根据抛出时速度方向不同，可将抛体运动分为上抛、下抛、斜抛、平抛（演示水的喷出）

2. 本节课研究平抛运动。

（1）请学生们总结平抛运动的条件。

（2）引导学生利用平抛运动的条件和轨迹说出平抛运动的性质。

（3）以小球的平抛运动为例研究。

根据小球运动轨迹，结合平抛运动的条件，引导学生利用运动的分解，将平抛运动分解为水平方向和竖直方向的运动。

提出问题：平抛运动的分运动性质是什么？

通过实验验证学生猜想：水平分运动是匀速直线运动。

（培养学生对不同阶段知识的整合能力）

让同样的两球同时从同一高度开始下落，在斜槽底部获得同样的速度，球 1 离开斜槽末端做平抛运动，球 2 在水平光滑轨道上做近似匀速直线运动。让学生观察并比较两球途中运动（特别是水平方向）和落地位置。分析现象得出结论。

这是定性验证，再通过频闪照片定量验证。

（在具体实验中，让学生初步了解平抛运动的分运动，对其有一个整体的感性认识。这增加了本节课的趣味性，提高了学生对实验的观察和分析能力）

通过实验验证学生猜想：竖直分运动是自由落体运动。

释放球 1，当它运动到斜槽末端时，球 3 由静止下落，观察球 1、球 3 途中运动（特别是竖直方向）以及落地点。分析现象得出结论。

利用频闪照片定量分析。

利用小球平抛运动的频闪照片及坐标纸分析水平、竖直分运动的性质。

（4）将平抛运动分解为水平匀速直线运动和竖直自由落体运动后，联系直线运动规律，运用运动的合成，探究得到平抛运动速度、位移轨迹规律，学生计算并讲解。

（运用化曲为直的思路，利用运动的分解与合成，让学生在不知不觉中分析得到新课的主要内容）

让学生在速度、位移的规律下，找到平抛运动轨迹方程，得到平抛运动轨迹为抛物线。

（理论讲解结束，通过练习应用强化认识）

3.在平抛运动分析及规律的基础上，进一步练习应用。

通过飞机投弹理解平抛运动水平分运动的性质。

通过猎枪打松鼠理解平抛运动竖直分运动的性质。

通过定量计算例题，练习运用平抛运动规律。

通过例题思考并讨论得出平抛运动时间和水平位移的决定因素。

4.生活中应用平抛规律解决问题。

给套圈失败的小朋友出主意。

（将例题延伸，利用例题讨论得出结论更易使学生理解，物理知识来源于生活，使学生体会到知识来源于生活又回归于生活）

将整堂课的知识进行回顾总结并布置作业。

【板书设计】

平抛运动

1.运动条件：v_0水平

只受重力（$a=g$）

2.运动性质：匀变速曲线运动

3.方法：将平抛运动分解为 $\begin{cases}\text{水平方向：匀速直线运动}\\\text{竖直方向：自由落体运动}\end{cases}$

4.运动规律：

	速度	位移
水平分运动：	$v_x=v_0$	$x=v_0t$
竖直分运动：	$v_y=gt$	$y=\frac{1}{2}gt^2$
平抛运动：	$v=\sqrt{v_x^2+v_y^2}$	$s=\sqrt{x^2+y^2}$
方向：	与水平方向夹角θ	与水平方向夹角α，$\tan\alpha=\frac{y}{x}=\frac{gt}{2v_0}$
	$\tan\theta=\frac{v_y}{v_x}=\frac{gt}{v_0}$	轨迹是一条抛物线

（褚俏俏　设计）

校长点评：

褚俏俏老师在本节课通过合理地设计视频引入、验证实验让学生亲自参与，通过猜想、实验逐步地把问题探究出来。这种方式遵循了学生的心理特征和认知规律，让学生更容易去接受。接着利用实验结论进行平抛运动的规律推导和应用，让学生掌握知识并及时运用，提高了学生理论联系实际的能力。但课堂氛围的调动还不足，学生不够尽情参与。另外板书要努力练习，把字写漂亮，丰富课堂这门艺术。

《缺失与拥有》教学设计

【教学目标】

1. 正确了解自己的缺失与拥有：通过列清单来全面认知自己的缺失与拥有。

2. 珍惜拥有，心怀感恩：通过魔法商店的活动和单手背身小游戏的互动体验，感受自己所拥有的珍贵，学会珍惜，心怀感激。

3. 正视缺失，悦纳自己：通过观看《有裂缝的水罐》的微课，意识到当对"缺失和拥有"有不同关注时，我们会有不同的感受，进而影响到我们的心态和行为。因此，要正视自己的缺失，悦纳自己。

4. 辩证对待缺失与拥有：通过观看《失落的一角》的小视频，感悟到有时候拥有也是一种缺失，缺失是拥有的动力。

【教学方法】

活动体验、小组讨论交流。

【教学教具准备】

多媒体课件、纸、笔。

【教学课时】

1 课时。

【教学过程】

一、与学生们进行约定

彼此尊重、用心交流、积极参与。

二、导入

大家一起观看一个短视频——*My Shoes*，看看长凳上的两个小男孩之间发生了什么样的故事。看完这个既暖心又震撼人心的小视频，想一想图片左边的小男孩经历了什么样的情绪变化，又分别是为什么呢？从一开始不开心（看到别人有好的鞋子而自己没有）到愿望实现时很开心（得到自己想要的），再到最后后悔莫及（发现自己得到好的鞋子的同时也失去了自己健康的双腿）。“隔岸风景美，邻家芳草香”，当你羡慕别人的拥有时，别人也可能在羡慕你的拥有。其实每个人都有自己的缺失与拥有，今天跟大家研讨的主题是“缺失与拥有”。

三、正确了解自己的缺失与拥有

先来做一个小游戏——列出我的缺失与拥有清单。

请同学们忠诚于自己的内心，可从现状、优缺点、情绪体验等方面进行描述，列出自己的缺失与拥有清单。写好后小组交流分享。

四、珍惜拥有，心怀感恩

1.魔法商店

现在让我们走进一间无所不能的魔法商店，在这里你可以获得你想要的一切，这里可能会有男生想要的“王者荣耀”的最高段位和帅酷的外表，也可能有女生想要的娇人的容颜和曼妙的身材等。但有一个条件：就是拿一件你拥有的东西来换。请同学们思考：你想得到什么？又会拿什么来交换？为什么呢？

小组讨论并分享你的想法和感受。

2.单手背身互动小游戏

老师和学生一起做，先用两只手搬一下自己的课桌，再把一只手背到身后，只用一只手搬桌子，再把两只手都背过去搬桌子。让同学们对比三次的不同体验，谈感想。

教师总结：其实我们拥有的远比我们想象的要多，很多人只有在失去后才懂得珍惜，可是已经后悔莫及。我们应该懂得珍惜拥有，心怀感恩之心。

过渡：“月有阴晴圆缺，人有悲欢离合。”我们在拥有的同时也会有或多或少的缺失，面对自己的缺失，我们应该怎么做呢？

五、正视缺失，悦纳自己

我们先来看一个《有裂缝的水罐》的微课。看完后思考下面的问题：

(1) 有裂缝的水罐对自己的裂缝是怎么看的？

(2) 挑水人对此又是怎么看的呢？

(3) 他们的看法会造成什么不同的影响呢？

看了微课后请学生再次谈感想。

心灵物语：当对“缺失和拥有”有不同关注时，我们会有不同的感受，进而影响到我们的心态和行为。

六、辩证对待缺失与拥有

一起观看《失落的一角》的视频，讨论下面的问题：

（1）这个圆怎么了？它想做什么？最后它的选择是什么？

（2）“我懂了，这里有点道理。”这里的“道理”，让你想到了什么？

（3）我们应该怎样对待自己的缺失和拥有呢？

教师总结：

（1）寻找缺失的一角是它奋斗的动力。

（2）一种拥有，有时意味着另一种缺失。

（3）也许当我们真的不再缺失什么时，我们的生活也就变得毫无乐趣了。因此，我们应辩证地对待缺失与拥有。

升华：是不是我们所有的缺失都要去接纳呢？

接纳我们不能改变的缺失，去改变那些需要改变的缺失。

【板书设计】

缺失与拥有

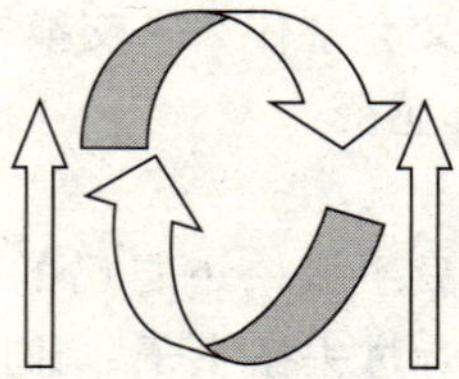

正视　　珍惜

（付俊花　设计）

校长点评：

学生参与度高，课堂气氛活跃，活动多样有趣，体验感受深刻，是本节课最大的亮点。围绕本节课的目标，设置魔法商店、单手背身小游戏、《有裂缝的水罐》的微课等活动，本节课的目标基本达成。但是仍存在一些问题，如语言表达不够精练，在心理课堂上教师应少说，留更多时间给学生去体验和分享。而且对学生回答问题的预设不足，以至于在魔法商店环节当有一个学生说出她想拿她的童年来换她怀念的人时，教师有点出乎意料，不能很好地回应。课前教师应尽可能多地对学生的回答进行预设，并在课堂上给予恰当的回馈。

把握青春旋律　陶铸自我成才

蓦然回首，十二年的时光匆匆而过，我们在学校里走过了无忧无虑的儿童时期，走过了热情欢快的少年时期，高中生活是青少年和青年的交界处，高三就在这个交界点上。站在一个人个体发展的历史背景上，高考对我们的重要意义，不言而喻。

毛泽东非常重视青年一代，对青年人给予了极高的评价，他说："世界是你们的，也是我们的，但是归根结底还是你们的。你们青年人朝气蓬勃，正在兴旺时期，好像早晨八九点钟的太阳，希望寄托在你们的身上。"因此，我们要把握青春旋律，陶铸自我成才。

一、认识成才的因素是成才的前提

青年时期是陶铸自身成才的关键时期。据统计，从公元600年到1960年的1 360年中，1 000多个发明家的1 818项发明，有2/3以上是在20～40岁完成的。他们是人类中真正的人才。

人才是人类中的精英之才，我们每个人都不希望自己平庸地度过一生，而精英之才成于青年时期。当今社会，高考是成才的必经之路，刻苦学习是目前的当务之急，如何冶炼、陶铸、塑造自己？怎样才能成才？成才的因素是什么？

从主观上来说，成才有四大因素：道德品质、见识、才能、学问。这四个因素不是并列的：学问加才能可以成为一般的人才；要想成为大器，还得有深远的见识和优秀的道德品质。德、识、才、学四者加在一起才是大器之才。同时，光有这四者还不够，还必须以理想和奋斗目标作为导向，以健康的体魄作为成才的物质基础。德、识、才、学、理想、体质，加到一起就是成才之道。

从客观因素上来说，有家庭的、社会的、师友的，还有集体和环境的。我们都知道《孟母三迁》的故事，孟子的母亲很了不起，她知道环境对一个人成长的重要性。原来孟家住在坟地旁，孟子就模仿看坟地的人做祭祀之事。孟母说："孩子学这个没出息。"于是搬到卖东西的集市上，孟子又跟屠夫学宰杀。孟母一看，还不好，又搬到学堂旁边，孟子就跟先生、学生学礼让，听读书，学他们摇头晃脑地诵经背诗。孟母一看这里好，不再搬了。于是，成就了一个圣人。环境对人的影响不能忽视。我们既然来学校读书，就要积极地创造有利于自己的学习环境、人的环境。多采用"靠近老师"的方法，靠近老师就靠近了知识。多靠近学习优秀的学生，多学习他们优秀的学习方法和思维方法。主动、有意识地让老师和学习优秀的学生"熏陶"自己，你也就不知不觉地受到环境潜移默化的影响。《孔子家语·六本》上说："与善人居，如入芝兰之室，久而不闻其香，即与之化矣；与不善人居，如入鲍鱼之肆，久而不闻其臭，亦与之化矣。"环境我们不能改变，但是我们可以选择。所以每个人应该在社会、学校里有意识地选择好的环境，周围有好的师和友，互相激励，互相慰勉，就容易前进，能在成才的道路上走得更快一些。现在我们应如此，将来也要如此。

二、树立远大的理想是成才的基础

所谓理想，就是根据理性的思维去想象的、能够通过自己的实践去实现的东西。要想成才首先必须有理想，给自己树立一个明确的奋斗目标。

理想大致可以分为以下几个类型：一是社会理想，一个人生活在社会上，希望社会是什么样子，怎样为社会的进步去奋斗，是关系国家社稷的大问题；二是道德理想，从道德上我们要追求做一个什么样子的人，为人处世我们应该以怎样的道德标准要求自己；三是事业理想，是指在从事的工作中，在这一行业中，所追求的成就和所要达到的高度；四是职业理想，将来要搞什么职业，干什么工作，要达到什么职业水平；五是生活理想，就是想要建立什么样的生活。

一个人有没有理想，建立什么样的理想，和一个人的环境与胸怀有关。我们立志立得要大，眼光要远，而且立志之后就应该坚持不懈，持之以恒，为之一直奋斗下去。我们现在努力学习，是为了怎样的理想、为了怎样的目标，自己要明确。因为它能直接影响我们学习的原动力。目标越坚定，动力就会越强劲。我们还要把自己的大目标、小目标、近期目标、长期目标有机地结合起来，产生合力才能最大限度地调动自己的积极性，用目标和希望经常性地指引我们。在理想和目标的奋斗过程中，碰到困难是正常的，克服了困难，就向目标前进了一步。

人生观和价值观是任何人都不能回避的一个重大的基本问题，我们应该反复思考。人生观是指人为什么活着，价值观是指人怎样活着才有意义。李连杰是个人才，是个成功的人。他由于创立了"李连杰壹基金"而荣获了 2009 年 3 月 28 日的"2008 影响世界华人盛典"大奖。他接受采访时说："演戏是我的职业，而从事人类的公益慈善事业是我一生的追求。"简短的一句话说出了他的人生观和价值观，也道出他自己的职业观和事业观。战国时期的范蠡是商人的鼻祖，他助越王勾践成就霸业后隐居，开始经商，曾"三尽其家财"救助困难的人们，他追求的是助人的过程中获得的快乐。我们不要让社会上一些负面的思想腐蚀自己，而丧失了向上、向善的追求。社会上很多方面可能被扭曲了，但是总体上是前进的。我们应该站在这个观点的基础上，建立自己正确的理想和奋斗目标，建立自己正确的世界观、人生观、价值观和道德观。

三、努力奋斗是成才的保证

光有理想，有雄心壮志还不行，还要有意志力。意志力是一种来自内心深处的力量，是人的一生中要不断锻炼强化的力量，它是人的意识活动统帅人的生命活动的能力。为此，必须从以下几个方面做起：

（一）要勤奋刻苦

古人讲“天道酬勤”“业精于勤”，列宁讲“勤奋出智慧”。要成就自己，“勤”是首当其冲的。学习中的“学”是学习新的知识；“习”是勤奋地重复，反复地用脑子来印证。因此，没有勤奋是不行的。大书法家王羲之练字涮笔，把一池塘水都染黑了。其子王献之学写字，用尽了九缸水。书法家颜真卿跟张旭学写字，把毛笔管灌上铅练字，也终成一代名家。他有一首鼓励人们学习的诗：“三更灯火五更鸡，正是男儿读书时。黑发不知勤学早，白首方悔读书迟。”一生中，现在正是我们读书的大好时机，我们要出成绩，就必须勤奋刻苦。要下决心，下狠心，把功夫用在勤奋和刻苦上。优秀不是天生的，而是用苦行过程中的时间冲刷出来的。惰性人人都有，关键是用勤奋克服它，克服的惰性越多、困难越多，离成功就越近。为什么有的人等不到破茧而出的时刻就放弃了，就是因为刻苦的程度不够，意志力不够顽强。干什么事情都得不怕吃苦，敢于吃苦。养成刻苦认真的习惯，我们大的理想目标就能一步一步地落实，就会实现自己的人生理想和奋斗目标，就能铸就自己。

（二）要思考求实

做学问要善于思考，会思考，思考好的学习方法，思考学习与生活的联系。有了好的方法，可以提高效率，而且容易解决问题。如，“画图”是解决问题的好方法之一，尤其在解决物理问题方面，它能够把一个抽象的问题形象化，把一个模糊的概念具体化，把一个静态的过程动态化，根据题意有目的地做出相应的情境图，就能很容易地解决问题。当然再好的方法没有去做的态度也是不行的。方法比知识重要，态度比方法重要。求实就是不能华而不实，更不能哗众取宠。对待学习中的具体问题，要有严谨求实的科学态度，抓住一个疑问要有刨根问底的精神，不解决绝不放弃。同时，要在学习当中“学习生活化，生活学习化”，这样把学习和生活联系起来融为一体，我们更容易从理解的角度认识问题，而且印象会更加深刻。

（三）要谦虚会学

我们学不进去了，或者学了体会不深，原因是自己脑子这个“仓库”里面的知识，杂乱无章地没有秩序，我们要有意识地在自己的头脑中整理自己的知识“仓库”，所以一定要做好反思工作。每节课后拿出一分钟，静下来反思本节所学，不要着急往教室外面跑，或者没有下课就“数着秒”等下课。每个晚自习拿出几分钟来反思，每个学习的小环节后跟上一个小反思。请教完老师一个问题，也要反思一下，“我刚才从老师那里得到了点什么”，念头一闪，迅速整理大脑中的知识“仓库”。掌握自己的认知规律就是会学。谦虚是谦让虚心的意思。请教别人不要急于表达自己的“错误”，把要问的问题阐述清楚后，静静地等待回答。心静了，也容易记住知识。急于表达“错误”等于用自己的“错误”反抗别人的“正确”。你的已经错误了，不要再陈述一遍错误来强化它。两次“错误”的重复和一次“正确”的认识来抗衡，我们来思考一下，哪个能够胜利？我们要学会细微地体察自己的认识规律，要在内心深处认真体会谦虚会学的真正意义。

美国学者罗斯·特里尔撰写的《毛泽东传》中有这样一句话来形容这位伟大历史巨人的成功：“他之所以能够取得政权，是因为他一直有持之以恒的目标和坚忍不拔的意志。”我们在陶铸自己成才的过程中，也应该在认识自己的前提下好好把握自己的理想目标和奋斗的意志。

历史是不能重新选择的。读书是我们每个人个体发展过程中不可缺少的环节。面对机遇和挑战，面对目标和困难，面对外界的干扰，面对内心深处最美好的愿望，我们要用人类最有力的武器——意志力，统帅自我前进，陶铸自我成才。

（张鹏程　撰文）

每个人都有创造的潜能

——浅谈通用技术课中如何激发学生创造的潜能

21世纪初叶，科学技术迅猛发展，知识经济已见端倪。一个公民、一个民族的创造能力是国家综合实力的一部分，因此，培养学生的创造能力已经成为教育的重要使命，而通用技术课正是为学生提供了这样一个可以自由展现自己创造力的平台。如何能让学生充分地利用这个平台来展现自己的创造力，将自己创造的潜能淋漓尽致地发挥出来，就成为我们通用技术课最需要迫切解决的问题。以下是笔者在通用技术课的教学过程中就"如何激发学生创造的潜能"这一问题的一点看法。

一、运用多媒体教学手段，开阔学生视野，激发学生兴趣

多媒体网络环境能为学生学习提供多姿多彩的形象化与真实化的学习情境，不但有利于激发学生的学习兴趣，调动学生学习的积极性，同时更重要的是能有效启发学生的形象思维能力。

对我们通用技术学科来讲，多媒体辅助教学尤为重要，它能增强学生的想象力和创造力，从而激发学生学习的兴趣，使学生从中有学、有思、有乐、有美的享受，有理想、思维的启迪，也有知识的传播和艺术的熏陶。

如笔者在讲授《设计的一般过程》时，利用多媒体技术给学生演示了几种事物的发展过程，如电话的演变、洗衣机的演变等，促使学生动脑思考现在我们身边还有什么东西需要进一步改进，进而提出我们现在身边最常见的板凳，让学生思考所知道的板凳的类型及样式，然后笔者再加以总结，利用多媒体给学生展示部分最新的板凳设计图片。型色兼备的视觉感官刺激，调动了学生的学习积极性和创作的欲望，笔者再顺势提出让学生自己构想一个板凳，学生的创作热情空前高涨。因此，在通用技术教学中应用多媒体，开拓了学生的视野，更激发了学生提出新构想的热情。

二、转换师生角色,让学生变被动接受为主动学习

建构主义强调学生必须通过自己去建构知识体系。布鲁纳、维果斯基等提出学习应以学生为主体、教师为主导的“双主”教学理论。我国教育家叶圣陶也曾说过:“教是为了不教。”这些都要求教师要以学生现有水平为基础,注意不断提高学生的学习水平,引导学生不断在现有基础上攀升。

心理学研究表明:人在宽松、和谐、自由的气氛中,思路开阔,思维流畅,解决问题的方法多,会有创造的意向和行为。所以,教师应在课堂上为学生营造这种宽松、和谐、自由的环境,让学生能按自己的方式学习和活动,师生民主平等,让学生自由地发表意见,对学生在探究中的错误不求全责备,而是鼓励点拨,为学生思索、探索、发现和创新提供最大的自由空间。如笔者在讲授《技术的未来》时,先用多媒体演示了几个人正在建设的著名技术设计,以及人类对未来世界的部分构想,欣赏这些美轮美奂的图片,也让学生对未来世界充满了许多美好的想象。于是笔者把课堂让给学生,让他们将心中的构思大胆地说出来,最后笔者再适时地加以引导:“我们这些美好的构想需要以很多的技术条件为基础,要想将我们心中所想变成现实,我们现在就应该更努力地学习!”这堂课不仅增加了学生对于通用技术课的学习兴趣,也让学生对于其他课程有了更大的学习动力。

三、鼓励引导,让学生发现自身的潜能

任何成功者都不是天生的,成功的根本原因是开发了人的无穷无尽的潜能,每一个人的内部都有相当大的潜能。爱迪生曾经说:“如果我们做出所有我们能做的事情,我们毫无疑问地会使我们自己大吃一惊。”瑞士建构主义心理学家布鲁纳也提出:“要用科学家的发明创造精神和科学成就,去鼓励学生学习。”

笔者给学生讲一只鹰自以为是鸡的寓言:一个男孩从鹰巢拿了一只鹰蛋,把鹰蛋和鸡蛋混在一起,让一只母鸡来孵。孵出来的小鸡群里有了一只小鹰。小鹰和小鸡一起长大。起初它很满足,过着和鸡一样的生活。但是,当它逐渐长大的时候,它内心里就有一种奇特不安的感觉。它不时想:“我一定不只是一只鸡!”只是它一直没有采取什么行动。直到有一天,一只老鹰翱翔在养鸡场的上空,小鹰感觉到自己的双翼有一股奇特的力量,感觉胸膛里的心正猛烈地跳着。它抬头看着老鹰的时候,一种想法出现在心中:“养鸡场不是我待的地方。我要飞上青天,栖息在山岩之上。”它从来没有飞过,但是它的内心里有着力量和天性。它展开了双翅,飞升到一座矮山的顶上,极为兴奋之下,它再飞到更高的山顶上,最后冲上了青天,到了高山的顶峰。它发现了自己的伟大。

当然会有学生说:“那不过是个很好的寓言而已。我既不是鸡,也不是鹰。我

只是一个人，而且是一个平凡人，因此，我从来没有期望过自己能做出什么了不起的事来。”我会告诉他们：“这正是问题的所在——你们从来没有期望过自己能够做出什么了不起的事来，这是实情，而且这是严重的事实，那就是你们只把自己圈在你们自我期望的范围以内。”

四、创造条件，让学生充分发挥创造的潜能

瑞士建构主义心理学家皮亚杰指出：“教育意味着培养创造者，而不是只会踩着别人脚印走路的人。”

我们的培养目标是有创造性的人，但是创造性不是教出来的，而是做出来的。每个人都有创造的潜能，我们需要做的是提供条件，让出课堂，放弃教师的中心地位，让学生有发挥潜能的场所。在学生发挥潜能而力不从心时，我们再鼎力相助。也就是说，从前台走到后台，给他们做副手、递工具。

如笔者在讲授《板凳的设计》时，将整个课堂让给了学生，让学生将自己所设想的板凳尽最大的可能通过作品展现出来。学生对这一新颖的课堂教学模式兴奋不已，积极主动地动脑动手来制作作品。个别学生会有一定的困难，或者是材料，或者是技术，笔者会尽量帮他们解决这些困难，让学生能充分地将心中的构想表现出来。当学生的作品完成之后，确实让我们老师吃惊不已，有些学生的作品无论从技术还是构思上来说都是很优秀的作品。通过这次实战演习，我再一次发现，每个学生都有设计的欲望，每个学生都有创造的潜能。

五、总结评价，发现问题，进一步提高创造力

学生只有通过自己的再创造活动而获得的知识才能真正被掌握和灵活运用，在课堂教学中，教师要善于创设情境，引导学生进行再创造活动。

在实际教学中，笔者利用课堂时间对学生制作的作品做评价，先让学生自己进行评价，然后全班学生齐心帮他发现问题，最后笔者做总结性评价。对于其中的优秀作品，给予适当的奖励；而对于一些设计新颖可是技术条件达不到的作品，给予适当的鼓励，让学生能更努力地学习文化知识，用自己的能力去解决；对于其中一些有技术问题的作品，不是一味地求全责备，而是在鼓励其创意的同时，指正其中的问题，让其通过改进得到完美的作品。

学生在总结的过程中，通过自评和他评可以发现自己作品中的不足，进一步改进和提高自己的技术水平；接受老师和同学的表扬，可以激发他们更大的设计欲望，让他们在以后的设计中有更好的构思，能更好地发挥自身的创造潜能。

总而言之，创造是人类生存发展的手段，是一个民族的灵魂，每个人都有创造潜能。作为一个教师，唯有确立人人都有创造潜能、都能开发和发展的思想观念，

才会真正把学生看作发展中的人、可发展的人，才会创造一切机会与条件，让学生敢想、敢说、敢做，大胆探索，勇于实践，敢于创新。

“处处是创造之地，时时是创造之时，人人是创造之人。”这意味着每个人都有创造的潜能。

（丛　颖　撰文）

浅谈初高中化学教学的有效衔接

在教学中我们时常会发现，很多初中学生升入高中后，对高中化学的学习在较长时间内会感到不适应。究其原因，现行初高中化学教材间存在一定的距离，导致高一新生对化学学习存在着很大的困难，并在相当一段时间里感到不适应。

其实新课改实施后，由于新旧课程的差异等，初高中衔接复习显得非常必要。理由是：① 初中化学强调定性分析，只要求学生记住现象或结论，而到高中则要定性和定量相结合，这就需要一开始给学生做一个对比，明确高中除了记住“是什么”外，还要求弄清“为什么”“是什么”“是多少”。② 初中化学以形象思维为主，通常从熟悉的、具体的、直观的自然现象或演示实验入手，建立化学概念和规律；而高中化学除了加强形象思维外，还通过抽象、理想化的模型建立化学概念和规律，这需要给学生一个学前提醒。③ 初中阶段记忆的知识多，很多学生的学习方法是死记硬背，学习依赖老师，缺乏独立思考能力，不会归纳、总结学过的知识点，养成了被动接受知识的习惯。而高中阶段则要求学生有较强的理解力，理解后再记忆，并能将学过的知识提升，学会触类旁通、举一反三，深刻理解化学原理。如果还是采用死记硬背的方法学高中化学，则会事倍功半。故利用复习时间灌输高中化学学习思想和学习方法应是最佳时机。④ 新生除逐步适应高中化学的学习要求外，还要适应高中教师的教学方法和高中化学的学习方法。与初中的教法不同，高中的教学过程容量大、进度快、知识点多、综合性强。高中教师的要求也与初中相异，注重方法的点拨而稍轻视不断地反复。

在多年的教学实践中，笔者进行了各种尝试，探究了一些初高中衔接教学的做法，取得了较好的效果。具体做法如下：

一、学习心理的转变指导

（一）帮助改变“老眼光和旧方法”

据了解，有相当一批学生在学习高中化学时仍用老眼光、旧方法审视和解决新问题，这难免会造成其对高中化学学习的不适应。因此，在初高中衔接教学中，分析高中化学与初中化学的知识体系，让学生明确科学与化学的关系和化学学科的特点，对学生学习心理的转变是极有帮助的。

（二）帮助实现学习心理的转变

大部分学生都把高一当成新起点(认为初中不曾认真学习，养成许多坏习惯)，有一种“一切从头开始”的愿望，但是他们又不知道怎样开始，感到很迷茫；再者，在这种心理过渡性的关键时期，意志与毅力不强，很容易使这种心理自然转变的征象消失。因此，在初高中衔接教学中，应加强鼓励和表扬，介绍周围环境中许多成功的例子，帮助他们描绘未来蓝图等，以强化学生“一切从头开始”的愿望，同时指导学生“怎样开始”，结合自己的经历与他们进行心与心的交流，通过各种途径(如兴趣活动、教师的幽默语言、化学实验、让学生有初步的成功体验及社会实践等)培养学生学习化学的兴趣，让他们感到化学老师是“很好的老师”(强化学生对化学学科的学习兴趣)，增强学生学好化学的信心和决心。

（三）帮助养成良好的学习习惯

培养并保持学习化学的兴趣是学生学好化学的前提，而养成良好的学习习惯则是学习成功的保证。在初高中衔接教学中，帮助学生分析个人生活习惯，以指导制订具有个性化的学习计划，并试行和适应该计划。在试行和适应学习计划的过程中，帮助解决所遇到的困难，并不定时地进行督促和鼓励，以培养其毅力，达到长久的、自觉的保持之目的。

二、在教学方法上搞好初高中化学的衔接

（一）强化自学能力，激发探索热情

刚上高中的学生对讨论问题兴趣浓厚，但不善于阅读和钻研教材。因此，笔者特别安排部分章节的内容，让学生自己阅读教材、查阅参考数据、相互讨论、上台讲解，然后完成相应的练习。高考考查自学能力的方式以信息题出现，在教学中常引入一些信息题目，训练学生获取信息、分析问题、解决问题的能力，这也是强化自学能力的一种方法。

学生在自学过程中，能够提出尖锐而深刻的问题，也能提出简单、幼稚的问题，作业中常出现较多的错误，这种现象很正常。但在解答问题、纠正错误时，笔者往往仅给以提示、引导，激发他们自己去探讨解决办法，找出正确答案。这样的教学方法虽然需要一定的时间，但学生的自主性得到充分发展，效果很好。

（二）加强实验基本操作，锻炼实验分析能力

在实验教学中，除按照大纲要求完成实验基本操作练习，做好每个学生实验，

尤其是演示实验外，特别强调学生通过化学实验来训练敏锐的观察能力和实验分析能力。课堂演示实验中，要求学生根据化学反应原理，思考从哪些方面观察实验现象，怎样准确描述实验现象；或先讲解观察要点，再让学生观察、描述实验现象，分析产生现象的原因、实验装置的作用、操作方法的目的；或边演示，边观察，边分析。经过这种锻炼，学生养成了好思考、善分析的好习惯，独立分析解决问题的能力得到较快的发展，学生学习的兴趣更浓厚。

（三）加深拓宽，培养思维能力

适当拓宽和加深知识，培养学生知识的综合运用能力和思维能力。加深个别重要内容，讲评综合性习题，引入新信息题目等。讲解练习中，既重视学生的发散思维、归纳推理训练，又注重抽象思维的培养；既注重逻辑分析，又注重训练逆向思维能力。同时教授学生一定的解题方法，诸如差量法、排除法、守恒法、特殊值法、比较法等。

思维能力的发展必须遵守循序渐进、由浅入深的原则，在开始的训练中，多数学生有些不适应，就应放慢速度，耐心讲解开导，反复训练，针对学生掌握理解的程度因材施教，做不同层次的要求，尽可能地培养他们的思维能力和学习能力。

三、在学习方法上搞好初高中化学的衔接

初中化学简单，易记、易懂，教材对学生综合分析能力要求较低，思维的深度和广度不够，基本停留在形象思维层次。初中学生学习化学的方法，主要是记忆，死记硬背，养成了被动学习的习惯，自学能力不强。而高中化学教学抽象性和难度明显增加，教学密度增大；知识的横向联系及综合程度都明显提高，不可能通过不断的重复、大量的练习来完成教学目标。学生原有的学习习惯已经不适应高中注重能力及创新的要求。高一年级教师有责任指导学生改进学习方法，使之适应高中化学的学习。古人说："授人以鱼，只备一饭之需；授人以渔，则可终生受用。"教学生如何学习，使学生能正确、有效地进行各种知识及技能的学习是授人以渔之举。

（一）培养学生的课堂学习效率

有意识地指导学生先积极思考，再精做笔记。经过笔者一段时间的训练，绝大多数学生能逐渐主动参与课堂教学，学习效率稳步提高。

（二）培养学生提出问题的能力

爱因斯坦曾指出："提出问题比解决问题还重要。"观察发现，高一新生普遍不提问题或不会提问题，因此，教师应鼓励学生提问，并利用自习课时间主动向个别学生提问，以培养学生提问的习惯。对于学生的提问，教师不能直接给出答案，应该和学生一起阅读材料，逐条分析，这样才能使学生在经过举一反三后学会知识。

（三）培养学生回顾反思的习惯

平时要对学生进行一些特别的要求，如应该要求学生对试卷进行评析，对每一次考试、测验的每一道习题进行认真分析，分析每一道题对错的原因，不能只分析错题。因为有相当一部分学生在做题的时候是侥幸正确的，帮助学生找出该题的考点、对应教材哪部分章节内容，做好知识的链接，然后分析做题时的想法、对题目的理解程度以及考试后的收获，指导学生及时总结，构筑章节知识结构，增强知识的联系。

学生学习方法的转变是一项艰难的过程，学生要逐步适应，绝不能操之过急。在高一对学生铺设的问题台阶不要一下子就很高，要使他们能上得去，以防发生两极分化。要通过耐心细致的引导，教会学生从比较中学习，发现相似，寻求规律，逐步培养思维的敏捷性和严密性。在做和练中，不断找出好的学习方法。

总之，初高中化学教学的衔接不是通过几课时教学就能完成的，学生良好习惯的养成、学习方法的培养、能力的提高有一个过程。因此，衔接教学必须积极稳妥，相辅相成，互为促进，综合提高学生的学习水平。

（李泽明　撰文）

体育教学中如何发挥学生的主体性

在体育教学中，学生参与到体育课堂中，有的是为了掌握技能，有的是为了发展体能，有的则是为了表现自己、展示自我。作为体育教师，要充分理解学生的各种心理需求，采取不同的教学措施，为每个学生创造、提供成功的机会，帮助每个学生获得成功的体验，确保每位学生受益。

一、激发学生的学习兴趣

教师要明确学习目标，对学生的学习动机、兴趣、步骤等进行深入了解，并根据目标和学习动机的关系来编制教材和设计教学过程。只有充分掌握学生的身心特点、兴趣爱好和技术能力水平，才能使学生在实践活动中满足兴趣，实现目标，真正体现学生的主体地位。才能让学生的思维活动、创造活动在实践过程中得到空前的发挥，激发学生的学习兴趣。俗话说得好，“兴趣是最好的老师”，教师在教学内容的选择和教学方法的确定上，都需要激发和保持学生的运动兴趣，使学生自觉、积极地进行体育锻炼，促进兴趣与个性的发展，提高学习的自觉性和主动性，增添愉快的心理感受及体验。及时鼓励学生，在学习过程中，学生的每一次努力行动，哪怕是获得一点点的进步，也要给以肯定、鼓励，对之表扬、赞美，激励他们做出更大的努力，进一步挑战自我，超越自我。教师从各方面体贴、理解学生，对学生的爱心能感染全体学生。他们从教师那里感受到真诚的关怀和诚挚的爱，就会从内心得到鼓舞和欣慰，从而付出努力，并且很容易取得成功，并能感受到成功的体验。

二、采用灵活多样的方法和手段

（一）重视学生主体的选择性

现代社会的发展，不仅要求每个学生顺利地完成自身的社会化过程，而且还要求他们发展自己的个性。体育教学可以使他们在一个较为广阔的领域里尽情地运动、竞争，可以使他们的个性在“独立”和“自主”行为中展示出来。体育教学大纲中广博的知识、种类繁多的活动内容和运动形式，可以给学生的个性发展提供更多、更灵活的选择机会。教师在宏观上加以督导，为发挥学生的主体性创造条件。

（二）加强体育教学中的人际交往

近年来，从世界教育的发展趋势看，青少年个性发展不仅仅是关于青少年爱好、特长、意志、性格的发展问题，而首先是要承认青少年是社会的主人，是具有独立人格、能够独立思考和具有创造性思维的主体。学校体育教学过程要给学生创造一个相对独立的空间，让学生的个性在体育交往活动过程中得以形成和发展。学生通过交往而进行比较，从而熟悉他人，熟悉自己；通过交往结交朋友，以融入群体，摆脱孤独；通过交往以强调自我，寻求承认；通过交往而与他人竞争，以充当强者，避免失落；通过交往而与他人协同，取长补短，完善自我……因此，体育教学中的人际交往是学生个性发展的基本条件。

（三）体育活动中要相互学习

体育教师在运动方面不是万能的，在有些项目上，学生要强于教师。例如，跳绳是发展下肢力量的练习，但跳绳的方法多种多样：有正向跳、反向跳，有体前交叉、双人面向跳、双人或三人同向跳，还有俯卧撑跳……教师可以教给学生一些简单的教学方法，让学生自己充分发挥主观能动性，然后去教会其他学生，教师跟着大家一起学习。学生的参与积极性调动起来了，师生关系融洽了，课堂气氛浓了，这样的课堂，学生的主体性得到了充分的体现，他们都十分喜欢。

（四）强调学生运动技术的个性化

当前，我国学校体育偏重于向学生传授运动技术，过分强调运动细节。因此，当前的问题是必须尽快地把学生从“规范”技术的禁锢中解放出来，课堂上多采用开放式的技术教学，打破过去技术教学的统一性、封闭性，大胆而细致地推进由统一主义向理想技术的“个性化”转变。同时，单纯地教技术并不能解决育人问题。因此，实行运动技术的理性模式和作为教学目标的“亚技术”并存，是充分发挥学生的主体性、提高教书育人的效果、更好地完成学校体育任务的关键。

三、加强对学生的过程性评价

在体育教学中，加强对学生的过程性评价。例如，为每一位学生建立一个档案袋，内容包括：学生每学年“学生体质健康标准”的成绩，学生对自己“体育与健康”学习的评价，教师、家长、同学对学生“体育与健康”学习的评价，学生每学期的“体育与健康”成绩，学生在“体育与健康”展示、比赛等方面的成绩、奖励等，学生参加的体育兴趣小组活动、体育表演及比赛活动情况，其他能反映学生“体育与健康”学习兴趣、进步的资料。指导学生做好评价活动，让学生主动参与到评价活动中，成为评价的主体。既有教师对学习过程和教学过程的评价，同时也有学生对学习过程和教学过程的评价。学生对教学过程的评价形式包括:学生在学习过程中对教学的随时反馈和有学生参加的评教活动。只有这样才能发挥学生的主观能动性,同时有利于提高教师的教学水平。

当然,在教学过程中,不能只强调学生的主体性而淡化教师的主导性,一味强调学生的主体性就会成为放羊式教学。教师的主导性和学生的主体性是一件事情的两个方面,教师指导学生是为了更好地发挥学生的主体性。教师正确地"导",学生主动地"学",体育课便成为有效而充满乐趣的教学活动。

(王中涛　撰文)